Marianne Kaurin

Irgendwo ist immer Süden

Lehrerheft

Martina Grüner und Daniel Schoberth

Krapp & Gutknecht

Inhaltsverzeichnis

Zu diesem Lehrerheft gibt es ein Schülerarbeitsheft, das sämtliche Aufgaben kompakt bündelt und den Schülern eine vollständige Bearbeitung der Lektüre innerhalb eines Heftes möglich macht:

Martina Grüner
Daniel Schoberth
Schülerarbeitsheft
DIN A4
64 Seiten
ISBN 978-3-96323-175-9
Bestell-Nr. S2175

Die Seiten- und Zeilenangaben in diesem Lehrerheft beziehen sich auf beide Ausgaben, da diese identisch sind.

Marianne Kaurin
Irgendwo ist immer Süden
Taschenbuch
WooW Books
ISBN 978-3-96177-103-5
Bestell-Nr. tbSüden

Marianne Kaurin
Irgendwo ist immer Süden
Gebundene Ausgabe
WooW Books
ISBN 978-3-96177-050-2
Bestell-Nr. tbGebSüden

Vorwort

Der mit dem Deutschen Jugendliteraturpreis 2021 und mehreren anderen Buchpreisen ausgezeichnete Roman von Marianne Kaurin schafft es wie wenige andere Bücher, viele für die Altersgruppe relevante Themen innerhalb einer herzerwärmenden Geschichte miteinander zu verbinden. Diese Eigenschaft garantiert nicht nur ein tolles Leseerlebnis, sondern macht das Buch zusätzlich zu einer fantastischen Unterrichtslektüre, die den Schülern viele natürliche Aspekte des menschlichen Miteinanders näherbringt, und dies gänzlich ohne erhobenen Zeigefinger.

Da alle Klassenkameraden von Ina während der Sommerferien zu tollen Zielen ins Ausland reisen, sieht das in prekären Verhältnissen lebende Mädchen unter dem in der Klasse entstehenden Druck keine andere Chance, als spontan einen tollen eigenen Urlaubsort zu erfinden, nämlich „den Süden".
Ihr neuer Klassenkamerad Vilmer, der – genau wie sie – aufgrund seiner familiären Situation gezwungen ist, seine Sommerferien zu Hause zu verbringen, überzeugt sie letztendlich davon, dass es sich zusammen doch besser langweilen würde als alleine. Die beiden lassen schließlich in einer verlassenen Hausmeisterwohnung ihr gemeinsames Südenparadies entstehen und verbringen einige Wochen lang eine mindestens so schöne Zeit zusammen wie alle anderen aus der Klasse, die ins Ausland gereist sind.
Kurze Zeit später fliegt Inas Lüge jedoch auf und sie verrät den gemeinsamen „Süden" und auch Vilmer, der inzwischen mehr als nur ein Freund für sie ist, auf schmähliche Weise. Nun gilt es für sie zu beweisen, dass sie aus ihren anfänglichen Fehlern gelernt hat und nunmehr weiß, was es bedeutet, sich ernsthaft bei jemandem zu entschuldigen.
Um Ina und Vilmer auf dieser spannenden Reise quer durch die menschliche Gefühlswelt zu begleiten, bieten das vorliegende Lehrerheft und das zugehörige Schülerarbeitsheft die passgenauen Materialien.

Wir wünschen viel Freude bei der Bearbeitung und spannende Diskussionen in der Klasse!

Martina Grüner Daniel Schoberth

Symbolerklärungen

- Leseauftrag
- Schreibaufgabe
- Internetrecherche
- Information/Wissen
- Präsentation
- Partner- oder Gruppenarbeit
- Diskussion in der Klasse
- Expertenaufgabe
- SH 4–8 Verweis auf die Seiten des Schülerarbeitsheftes

Der Unterricht

Didaktische Hinweise

Die Lektüre eignet sich aufgrund ihrer Thematik und der Identifikationsmöglichkeit mit den Problemen der Hauptpersonen (die selbst Sechstklässler sind) optimal für die Klassenstufen 5 bis 7 – und zwar über alle Schularten hinweg. Die großen Themen „Armut“, „Lügen“, „erste Liebe“, „Gruppendruck“, „jemanden verraten“ und „sich entschuldigen“ sprechen durch deren kluge und schülergerechte Ausgestaltung Schüler sämtlicher Lesekompetenzen und sozialer Milieus an.

Die erzählte Zeit des Romans erstreckt sich über einen Zeitraum von etwa sechs Wochen, bietet aber aufgrund der Fülle von Ereignissen und sich daraus ergebenden neuen Situationen ein großes Spektrum an Themen und Möglichkeiten.

Bei der Behandlung des Romans im Unterricht ist sowohl eine komplette Vorablektüre des Romans durch die Schüler denkbar als auch ein unterrichtsbegleitendes Lesen. Gerade in den niedrigeren Klassenstufen dürfte sich letzterer Zugang anbieten. Die Autoren dieser Unterrichtsmaterialien haben sich für eine Untergliederung des Romans in zehn Blöcke entschieden, die gleichzeitig der inhaltlichen Struktur Rechnung trägt (vgl. Sequenzplanung zur Lektüreeinheit, S. 7–9).

Diese Unterteilung ermöglicht es, den Roman sukzessive mit den Schülerinnen und Schülern zu erschließen und den Unterricht aus einer Kombination der folgenden Phasen zu gestalten:

- Lektüre der Blöcke zu Hause bzw. im Unterricht inklusive Inhaltssicherung und gemeinsamer Besprechung im Unterricht
- Arbeitsphasen zur Erarbeitung von Schreibaufgaben
- Arbeitsphasen zu Figuren und Themen
- Arbeitsphasen zu produktiven und gestalterischen Aufgaben
- Reflexions- und Diskussionsrunden im Unterricht
- Präsentationen der Arbeitsergebnisse und Feedback

Die Einführung über das Buchcover und der erste Block, bei dem es um das Kennenlernen der beiden Hauptfiguren und die Ausgangssituation geht, sollten in jedem Fall gemeinsam im Unterricht behandelt werden.

Bei einem abschnittsweisen Vorgehen, das auch das Lesen und Bearbeiten von Aufgaben zu Hause einschließt, sollten etwa 12 bis 16 Stunden angesetzt werden. Wer *Irgendwo ist immer Süden* nutzen möchte, um die oben genannten Thematiken vertieft zu behandeln und wer dabei auch die Aufgaben mit kreativem und gestalterischem Zugang durchführt, kann aber leicht auf einen Stundenumfang von 20 Stunden und mehr kommen. Dieser „Aufwand“ lohnt sich, da die Lektüre eine Vielzahl an Zugängen eröffnet und den Kindern erfahrungsgemäß sehr großen Spaß bereitet.

Sämtliche Aufgaben wurden so konzipiert, dass sie möglichst viele Bereiche aus den Deutsch-Lehrplänen der Jahrgangsstufen 5, 6 und 7 abdecken. Besonders anspruchsvolle Aufgaben sind mit dem **Icon „Expertenaufgabe“** gekennzeichnet. Auf eine weitere Differenzierung des Schwierigkeitsgrades wurde bewusst verzichtet. Viele der angebotenen Aufgaben können durch Hilfestellung der Lehrkraft (auch anhand der Lösungshinweise) so weit didaktisch differenziert werden, dass das Bearbeiten der Aufgabe für alle Schüler möglich sein sollte. Halboffene und offene Aufgaben ermöglichen außerdem eine Beantwortung auf unterschiedlichem Kompetenz-Niveau. So können etwa Siebtklässler in manche Thematik sicher tiefer einsteigen und haben womöglich bereits andere Ansichten dazu gewonnen als Schülerinnen und Schüler der unteren Jahrgangsstufen.

Gestaltung der Hefte

Schülerarbeitsheft

Lehrerheft

Lehrer- und Schülerarbeitsheft sind für eine gemeinsame Verwendung konzipiert.

Mit dem **Schülerarbeitsheft** können die Schüler während der gesamten Lektüresequenz arbeiten und ihre Ergebnisse dazu direkt im Heft festhalten. Es enthält auf 64 Seiten zu jedem der 10 Blöcke diverse Aufgabenformate, mit denen der Roman *Irgendwo ist immer Süden* inhaltlich und thematisch komplett erschlossen werden kann. Neben der ausführlichen Inhaltssicherung zu jedem Leseabschnitt bietet das Schülerarbeitsheft analytische sowie handlungs- und produktionsorientierte Zugänge, kreative Aufgabenformen und integrative Schreibaufgaben. Besonderer Wert wurde darauf gelegt, dass die Schülerinnen und Schüler über einen längeren Zeitraum eigenständig mit der Lektüre arbeiten können. Das Arbeitsheft versteht sich also als Lesebegleiter für die Lernenden.

Das vorliegende **Lehrerheft** ist eine Lehrerhandreichung zum Roman und enthält außerdem sämtliche Lösungen zum Schülerarbeitsheft. Neben Überlegungen zum Einsatz im Unterricht und didaktischen Hinweisen lassen sich hier detaillierte Inhaltsangaben, ausführliche Lösungen und Kommentare zu sämtlichen Arbeitsblättern des Schülerarbeitsheftes finden.

Aufgaben, deren Bearbeitung sich nach der vollständigen Lektüre des Romans anbieten, sind als kapitelübergreifende Einheit ans Ende des Lehrerheftes und des Schülerarbeitsheftes gestellt.

Lesemotivation

Die Förderung der Freude am Lesen von längeren zusammenhängenden Texten ist gerade in einer Zeit, die von elektronischen Medien und dem Internet dominiert wird, wichtiger denn je.

Die obersten Maximen des Literaturunterrichts in der Unter- und Mittelstufe sind nach Meinung der Autoren das Wecken von Lesefreude und das Gewinnen einer positiven Lesehaltung. Die Schülerinnen und Schüler sollen den Literaturunterricht rückblickend nicht als langweilig bzw. als etwas, das sie in ihrer momentanen Lebensphase nicht betrifft, wahrnehmen. Vielmehr sollen sie erfahren, dass das Lesen spannend sein kann, dass es Freude bringt und sogar einen hilfreichen Zugang zu diversen Fragen der Lebensführung bieten kann.

Dies kann nur gelingen, wenn sowohl die Lektüre als auch die Art und Weise ihrer Behandlung passgenau ausgewählt sind.

Irgendwo ist immer Süden eignet sich aufgrund der Tatsache, dass es mit seiner zeitlosen und dennoch brandaktuellen Thematik den direkten Bezug zur Lebenswelt der Schülerinnen und Schüler herstellt.

Durch den Fokus auf kreative sowie handlungs- und produktionsorientierte Zugänge soll erreicht werden, dass die Leselust der Kinder und die Motivation, die Aufgaben zu bearbeiten, auf einem konstant hohen Niveau bleibt. Dem oft von Schülerseite geäußerten Unmut, dass der Lesegenuss auf Kosten eines an Lehrerinteressen orientierten inhaltlichen Zerpflückens leidet, wird somit entgegengewirkt.

Medienkompetenzerwerb

Eine der zentralen Anforderungen, denen Schule heute gerecht werden muss, ist die Umsetzung einer zeitgemäßen Medienbildung und der darauf bezogene Kompetenzerwerb. Dieser zählt zu den großen Aufgaben sämtlicher Bildungseinrichtungen und muss schulartübergreifend garantieren, dass die Schülerinnen und Schüler künftig in einer mediatisierten Welt souverän handeln können.

Der komplexe Begriff der Medienkompetenz beinhaltet dabei – je nach Bundesland teilweise variiert – unter anderem die Kompetenzbereiche *Informieren/Suchen und Verarbeiten, Kommunizieren und Kooperieren, Präsentieren und Produzieren* sowie *Analysieren und Reflektieren.*

Die Autoren haben die Aufgaben ganz bewusst so konzipiert, dass zahlreiche dieser Kompetenzen abgedeckt werden können.

Nachfolgend einige Beispiele:

Informieren/Suchen und Verarbeiten	**Internetrecherche** (Block 7, Aufgabe 6; Block 10, Aufgabe 5)
Kommunizieren und Kooperieren	**Selbstdarstellung in den Sozialen Medien** (Block 4, Aufgabe 3)
Präsentieren und Produzieren	**Konzipieren einer Prospektseite oder einer Werbeanzeige** (Block 3, Aufgabe 2) **Erstellen eines Comics** (Block 6, Aufgabe 2) **Erstellen eines Erklärvideos** (Übergreifender Teil, Aufgabe 2)
Analysieren und Reflektieren	**Selbstdarstellung in den Sozialen Medien** (Block 4, Aufgabe 3) **Argumentation: Was spricht für oder gegen ein „Insta-Foto“?** (Block 4, Aufgabe 4) **Eine Szene musikalisch untermalen** (Übergreifender Teil, Aufgabe 1)

Die Arbeit mit der Lektüre

Sequenzplanung zur Lektüreeinheit

Die folgende Tabelle dient der Planung der Unterrichtssequenz und liefert zu jedem Block einen knappen Abriss des Inhalts und eine Aufstellung der jeweils vorhandenen thematischen Aspekte sowie sämtlicher Aufgaben im Schülerarbeitsheft.

Wie viel Zeit die Lehrkraft den jeweiligen Themen bzw. Bereichen widmen möchte, bleibt ihr selbst überlassen, da jeder Block unterschiedlichste Aufgaben beinhaltet, die je nach Dafürhalten komplett oder nur in Teilen bearbeitet werden können. Um das Stundenpensum für die Lektüresequenz nicht über Gebühr anwachsen zu lassen, bietet es sich an, eine Auswahl zu treffen bzw. thematische Schwerpunkte zu setzen. Die Anzahl der angedachten Unterrichtsstunden lässt sich in der zweiten Spalte der Tabelle eintragen.

Um eine bessere Übersicht zu bekommen, sind sämtliche Aufgaben aus dem Schülerarbeitsheft in der rechten Spalte aufgeführt. Schreibaufgaben sind zusätzlich fett hervorgehoben. Zur Unterstützung der eigenen Planung lassen sich ausgewählte oder bearbeitete Aufgaben kennzeichnen.

Für eine zügige Behandlung der Lektüre sind, wie bereits angesprochen, allerwenigstens 12 Stunden, für eine ausführlichere Behandlung etwa 20 Stunden oder mehr einzuplanen.

Block	Std.	Inhalt	Thematische Aspekte	Aufgaben
Einführung über Titel und Buchcover				1: Erste Überlegungen 2: Die Hauptpersonen
Block 1 (S. 5–27) **„Im Sommer fahre ich in den Süden“**		Um nicht hinter den anderen in der Klasse zurückstehen zu müssen, erfindet Ina am letzten Schultag vor den Sommerferien spontan ihren fiktiven Urlaubsort „Süden“.	Lügen Gruppendruck	1: Inhaltssicherung **2: Steckbrief von Vilmer (Personenbeschreibung)** 3: Warum lügt Ina? 4: Drei Wünsche für die Ferien
Block 2 (S. 28–46) **Schulende und Mathildes Geburtstagsfeier**		Mathilde feiert Geburtstag. Da Ina auf der Feier aus Geldgründen kein Geschenk dabei hat, lügt sie, dass sie es zu Hause vergessen hätte.	Schubladendenken/ Vorurteile Armut	1: Inhaltssicherung 2: Der Neue 3: Vilmer, der „Loser“?
Block 3 (S. 47–63) **Ferienstart und große Langeweile**		Da Ina alleine zu Hause sitzt und sich zu Tode langweilt, verbringt sie ihre Zeit damit, im Internet zu surfen und sich ihren fiktiven Südenurlaub auszumalen.	Depression	1: Inhaltssicherung **2: Vom Urlaub träumen (Kreatives Schreiben/Gedicht)** 3: Was ist los mit Inas Mama? 4: Wie lange sind deine Ferien?

Block	Std.	Inhalt	Thematische Aspekte	Aufgaben
Block 4 (S. 64–93) **Vilmer und das Abenteuer „Süden“**		Als Vilmer herausfindet, dass Ina gar nicht im Urlaub ist, versucht er, mit ihr Kontakt aufzunehmen. Dies ist ihr zunächst noch unangenehm, schließlich geht sie aber aus Langeweile auf seine Kontaktversuche ein. Vilmer zeigt Ina die alte Hausmeisterwohnung, in der er sich oft aufhält und sich seine Zeit vertreibt.	Selbstdarstellung in den Sozialen Medien	1: Inhaltssicherung 2: Eine Skizze der Kellerwohnung 3: Selbstdarstellung in den Sozialen Medien **4: Was spricht für oder gegen ein „Insta-Foto“? (Argumentation)**
Block 5 (S. 94–114) **Der „Süden-Plan“**		Nach kurzen Überlegungen, was „Süden“ alles bedeutet kann, beginnen die beiden schließlich damit, die Hausmeisterwohnung nach ihren Vorstellungen umzugestalten. Sie verwandeln die Wohnung mittels einfachster Utensilien nach und nach in ein „Südenparadies“.	Fantasie	1: Was man für den Süden braucht **Achtung: nur bis S. 97 lesen, da zu Aufgabe 1 sonst zu viel vorweggenommen wird!** 2: Inhaltssicherung
Block 6 (S. 115–129) **Detektivarbeit und wunderbare Zeit im Süden**		Gemeinsam stellen sie Nachforschungen rund um die Geschichte des Hausmeisters und seiner ehemaligen großen Liebe an und genießen ihre gemeinsame Zeit im „Süden“.		1: Inhaltssicherung **2: Die Geschichte des Hausmeisters (Kreatives Schreiben: Comic)**
Block 7 (S. 130–151) **Romantik und Schmetterlinge im Bauch**		Nach einer wunderschönen Zeit „im Süden“, kommen sich die beiden näher und küssen sich schließlich.	Erste Liebe	1: Inhaltssicherung 2: Inas Zählereien **3: Schlechte Liebesgedichte (Kreatives Schreiben: Gedicht)** **4: Ein Brief an Maria (Kreatives Schreiben)** 5: Die Entwicklung von Inas Mama 6: Love und Heart und Pain 7: Südenmusik 8: Das Südenfoto 9: Ein Eintrag ins Freundebuch

Block 8 (S. 152–185) **Alles fliegt auf: Verrat und Leiden**		Inas Urlaubslüge fliegt auf. Um vor Mathilde und Regine nicht ihr Gesicht zu verlieren, verleugnet sie die Beziehung zu Vilmer. Vilmer bekommt dies mit und zieht sich vollständig zurück.	Verrat Vertrauen Depression	1: Inhaltssicherung 2: Innenwelt und Außenwelt **3: Was in Vilmer vorgeht (Innerer Monolog)** 4: Der Verrat 5: Inas Mama sieht klar 6: Lust auf Garnelen
Block 9 (S. 186–193) **Wahre und falsche Freunde**		Ina geht mit Mathilde und Regine zum See. Als sie herausfindet, dass die Einladung nur auf das Wirken ihrer Mutter zurückzuführen ist und sich die anderen nur über Vilmer lustig machen, verlässt sie die Gruppe.	Freundschaft	1: Inhaltssicherung 2: Was macht eine Freundschaft aus? 3: Ist Vilmer „Freundschaftsmaterial“?
Block 10 (S. 194–229) **Ina tut Entschuldigung**		Beim Besuch von Frida im Seniorenheim wird Ina klar, wie wichtig ihr Vilmer ist. Sie „tut Entschuldigung“, indem sie am ersten Schultag uneingeschränkt und demonstrativ zu Vilmer steht. Zusammen wollen sie weiterhin den „Süden“ genießen.	Depression sich entschuldigen zu jemandem stehen	1: Inhaltssicherung 2: Zu seiner Meinung stehen 3: Das Gewitter 4: Stimmungskurve von Inas Mama **5: Einen Lexikonartikel schreiben** 6: Alternative Wege, um Entschuldigung zu tun **7: Den Roman weitererzählen (Kreatives Schreiben)**
Übergreifender Teil			Soziale Milieus/ Chancenungleichheit Kreativität Lügen	1: Eine Szene musikalisch untermalen 2: Ein Erklärvideo erstellen 3: Beziehungskurve von Ina und Vilmer 4: Farbsymbolik **5: Argumentation: Lügen oder nicht lügen? (Argumentation)** 6: Ein Blick in die Zukunft von Ina und Vilmer **7: Ganz zum Schluss: Eine Rezension schreiben**

Die Figuren im Überblick

Ina

Ina ist knapp zwölf Jahre alt und geht in die 6. Klasse. Sie lebt gemeinsam mit ihrer Mutter im Tyllebakken Bauverein, einer heruntergekommenen und trostlosen Siedlung, in einer nicht näher benannten Stadt in Norwegen. Sie ist bereits oft umgezogen, hat in drei verschiedenen Städten gewohnt und fünf verschiedene Klassen besucht. Ihr Lieblingsbuchstabe ist M, weil drei ihrer ehemaligen Freunde mit diesem Buchstaben begonnen haben. Diese Tatsache ist deshalb erwähnenswert, weil Ina erst seit diesem Jahr in die Klasse geht und keine richtigen Freunde hat. Ihre angeblich beste Freundin Maria hat sie erfunden. Sie sehnt sich danach, zur Clique „der Angesagten und Coolen" zu gehören, die unter anderem aus ihren Mitschülern Mathilde, Markus und Regine besteht. Besonders zu Mathilde schaut sie auf und bewundert sie. Markus ist ihr heimlicher Schwarm.

Vilmer

Vilmer ist der neue Schüler in Inas Klasse und im gleichen Alter wie Ina. Am letzten Tag vor den Ferien besucht er die neue Klasse, um sich schon einmal vorzustellen. Vilmer ist schlank, hat lockiges Haar, einen schiefen Schneidezahn und blaue Augen. Er trägt meist „uncoole" Kleidung, wie viel zu große Shorts oder T-Shirts mit Aufdrucken. Zusammen mit seinem Vater, der kaum Geld hat, wohnt er – wie Ina – in der Siedlung Tyllebakken Bauverein. Vilmers Eltern sind getrennt und seine Mutter lebt mit ihrem neuen Partner in Schweden. Anders als Ina macht er sich wenig daraus, was andere über ihn denken und gibt nicht allzu viel auf deren Meinung. Nachdem Vilmer erfährt, dass Ina seine Nachbarin ist, setzt er alles daran, sich mit ihr anzufreunden.

Mathilde

Mathilde ist gewissermaßen die Anführerin der Clique „der Coolen", in der auch ihre beste Freundin Regine sowie Markus sind. Sie lebt zusammen mit ihrer gut situierten „Bilderbuchfamilie" in einem großen Haus mit Garten. Mathilde ist es besonders wichtig, sich in den sozialen Netzwerken zu profilieren und darzustellen. Ina möchte sich wiederum vor Mathilde immer ins rechte Licht rücken, um vielleicht schließlich auch in die Clique aufgenommen zu werden. Als Ina auf ihrer Geburtstagsfeier ohne ein Geschenk auftaucht, tut Mathilde zwar so, als ob das in Ordnung wäre, insgeheim empfindet sie dies jedoch als Majestätsbeleidigung. Sie hat außerdem eine enge Beziehung zu Markus, der ihr auf ihrer Geburtstagsfeier sogar einen Kuss auf die Wange gibt, worauf Ina ein bisschen neidisch ist.

Markus

Markus ist ein gutaussehender Junge, der ebenfalls in Inas Klasse geht, und ihr geheimer Schwarm. Oft trägt er rote Shirts, außerdem ist er braungebrannt und riecht gut. Markus ist FC Chelsea-Fan und wohnt relativ weit von Ina weg.

Regine

Regine ist Teil der Clique um Mathilde und Markus, mit der sie in die gleiche Klasse geht. Wie Mathilde, die ihre beste Freundin ist, hat sie lange Haare. Regines Familie hat viel Geld und sie ist in ihrer Klasse das Kind, das bisher im Urlaub in die meisten Länder gereist ist. Sie ist zweite Vorsitzende im Schülerrat und will später einmal Anwältin werden. Wie auch die anderen in ihrer Clique legt sie großen Wert darauf, sich in den sozialen Netzwerken entsprechend zu präsentieren, auf andere Eindruck zu machen und zu zeigen, wer man ist und was man hat.

Vigdis

Vigdis ist die Klassenlehrerin von Ina. Sie ist eine nette und herzliche Person, die die Schüler aber aufgrund ihrer altbackenen Kleider eher langweilig oder teilweise auch lächerlich finden. Sie scheint das aber nicht zu stören. Die eifrige Lehrerin nuckelt oft an ihrem Brillengestell und ist aufgrund ihrer Angewohnheit, die Brillenbügel in den Mund zu stecken und ihres viel zu dick aufgetragenen Lippenstiftes, oft rosa hinter den Ohren.

Inas Mama

Inas Mama heißt mit Vornamen Anja und leidet zu Beginn des Romans höchstwahrscheinlich an einer Depression. Sie lässt sich gehen, ist ungepflegt und kann sich zu nichts aufraffen. Ina denkt, dass ihr ein „Kurs im Muttersein" ganz guttäte. Inas Mutter ist alleinerziehend und hat nur sehr wenig Geld, weswegen sie einen Arbeitsvermittlungskurs besucht. Dieser dauert die ganzen Sommerferien, was zur Folge hat, dass Ina den ganzen Tag auf sich alleine gestellt ist. Sie sehnt sich nach einem besseren Leben und spricht auch oft davon. Erst im Verlauf des Romans bessert sich ihr Zustand. Sie findet in ihrem Kurs eine Freundin und schließlich auch einen neuen Job als Floristin. Als die Lüge um den Süden auffliegt und sie merkt, wie schlecht es Ina geht, bemüht sie sich nach Kräften, eine bessere Mutter zu sein, was ihr auch gelingt.

Grete Brattberg

Grete Brattberg ist eine mittlerweile alte Frau, die ebenfalls in Tyllebakken lebt. Weil sie damals einen Beschwerdebrief an den Hausmeister geschrieben hat, sind Ina und Vilmer auf sie bzw. ihren Namen aufmerksam geworden. Vilmer hat schließlich ihren Wohnort ausfindig gemacht und die beiden besuchen die alte Dame. Von ihr erfahren sie viele Hintergründe zur Geschichte rund um Anton und seine große Liebe. Grete hilft ihnen unterschwellig etwas auf die Sprünge, was das Thema „verliebt sein" angeht. Von ihr stammt auch die Aussage, dass es lebensgefährlich sein könne, sich zu verlieben.

Anton Berntzen

Anton Berntzen war früher der Hausmeister im Tyllebakken Bauverein, wo er auch geboren und aufgewachsen ist. Allerdings ist er bereits verstorben. Er war ein fleißiger und beliebter Mann, der äußerst pflichtbewusst seinem Dienst nachging und Akkordeon spielen konnte. Als seine große Liebe und Verlobte Frida Fuglesang jedoch als Mannequin nach Paris gegangen war, zerbrach er am Liebeskummer und wurde depressiv. Seine verlassene Wohnung nutzen Ina und Vilmer, um sich dort ihr Südenparadies zu erschaffen.

Frida Fuglesang

Die schöne Frida Fuglesang war die große Liebe und ehemalige Verlobte von Anton Berntzen. Später im Roman besucht Ina Frida alleine, um alles über die Geschichte der beiden zu erfahren. Die alte Dame erklärt ihr, dass sie damals nur weggegangen sei, weil ihre Eltern ihr eingeredet hatten, dass ein Hausmeister keine gute Partie sei und sie etwas Besseres verdient hätte. Sie bereut ihr Verhalten zutiefst und erklärt Ina schließlich den Unterschied zwischen „Entschuldigung sagen" und „Entschuldigung tun".

Lösungen des Schülerarbeitsheftes

SH 3

Annäherung an die Lektüre

Die Einführungsstunde kann dafür genutzt werden, sich in ersten Überlegungen mit dem möglichen Inhalt des Romans und der grundsätzlichen Problemkonstellation auseinanderzusetzen und so eine gewisse Neugier und Vorfreude auf die Lektüre zu wecken. Ein erster Zugang über den Titel und das Cover sind hier durchaus sinnvoll.

➲ Aufgabe 1: Inhaltssicherung

a) Individuelle Lösungen
b) Individuelle Lösungen

➲ Aufgabe 2: Die Hauptpersonen

Individuelle Lösungen, mögliche Inhalte:

Gesichtsausdruck und Körperhaltung:
- Kinder mit fröhlichen Gesichtern, die ihre Ferien genießen
- Cocktail in der Hand (Urlaubsfeeling)
- Rücken an Rücken sitzend, was auf eine gewisse Vertrautheit schließen lässt
- zugewandte Körperhaltung des Mädchens (gewisse Nähe zwischen den beiden)

Umgebung:
- Plakat mit Sonnenuntergang im Hintergrund (Bedeutung noch offen)
- exotische Pflanzen um sie herum (erinnert ein bisschen an Urwald, soll aber wohl eine gewisse Exotik darstellen)

Beziehung zueinander:
- verstehen sich gut, befreundet, verliebt?

SH 4–8

Block 1: „Im Sommer fahre ich in den Süden.“ (S. 5–27)

Überblick zum Inhalt

S. 5–9
Für die Hauptfigur Ina, die noch nicht lange in der Klasse ist, steht der letzte Schultag an. Sie hat eine Vorliebe für das präzise Zählen von Dingen. Das Mädchen hat noch keine richtigen Freunde an der Schule gefunden und würde gerne zur Gruppe der „Angesagten“ und „Coolen“ gehören. Außerdem schwärmt sie für ihren Klassenkameraden Markus. Der neue und definitiv uncoole Schüler Vilmer betritt schließlich das Klassenzimmer. Seine Klamotten passen ihm nicht, er ist sehr dünn und er hat einen schiefen Schneidezahn.

S. 10–20
Die Klassenlehrerin Vigdis begrüßt den Neuen und stellt ihn der Klasse vor. Er wohnt, genau wie Ina, in Tyllebakken, weswegen die Lehrerin vorschlägt, dass die beiden künftig ihren Schulweg zusammen gehen könnten. Ina ärgert sich darüber, weil Vilmer aufgrund seiner Art und seines Aussehens nicht das ist, was sie sich unter einem künftigen Freund vorstellt. Als Mathilde der Lehrerin vorschlägt, dass doch alle Schüler erzählen könnten, wohin sie in den großen Ferien in den Urlaub fahren, wird es Ina sehr unbehaglich. Sie und ihre Mutter können sich keinen Urlaub leisten. Als sie an der Reihe ist, greift sie zu einer Notlüge und sagt, dass sie „in den Süden“ fahren werde. Trotz kurzer Irritationen in der Klasse kommt sie mit ihrer Lüge durch. Als Vilmer an der Reihe ist, wirft er lakonisch ein, dass sein Vater pleite sei und er deshalb auch nicht wegfahren könne.

S. 21–27

Vigdis möchte im Anschluss daran eine besondere Aktion mit den Schülern machen: Alle dürfen drei Dinge aufschreiben, von denen sie hoffen, dass sie in den Sommerferien passieren werden. Die Auflösung erfolgt dann erst nach den Ferien. Vilmer fragt Ina nach einem Stift und sie schreibt schnell drei Dinge auf, von denen sie glaubt, dass sie sowieso niemals passieren werden. Im Anschluss singt die Klasse gemeinsam mit der Lehrerin noch ein Lied und allmählich kehrt Aufbruchsstimmung ein. Auf Vilmers Kontaktversuch reagiert Ina abweisend, da sie nur Augen für Markus hat. Schließlich verabschieden sich alle Schüler voneinander und stürmen zur Klassenzimmertür hinaus.

➲ Aufgabe 1: Inhaltssicherung

Für Ina, die noch nicht lange in der Klasse ist, steht der letzte ___Schultag___ an. Sie hat eine Vorliebe für das präzise ___Zählen___ von Dingen. Das Mädchen hat noch keine richtigen ___Freunde___ an der Schule gefunden und würde gerne zur Gruppe der „Angesagten" und „Coolen" gehören. Außerdem schwärmt sie für ihren Klassenkameraden ___Markus___. Der neue und definitiv ___uncoole___ Schüler Vilmer betritt schließlich das Klassenzimmer. Seine Klamotten passen ihm nicht, er ist sehr ___dünn___ und er hat einen ___schiefen___ Schneidezahn.

Die Klassenlehrerin ___Vigdis___ begrüßt den Neuen und stellt ihn der Klasse vor. Er wohnt, genau wie Ina, in ___Tyllebakken___, weswegen die Lehrerin vorschlägt, dass die beiden ihren ___Schulweg___ zusammen gehen könnten. Ina ärgert sich darüber, weil Vilmer aufgrund seiner Art und seines Aussehens nicht das ist, was sie sich unter einem künftigen ___Freund___ vorstellt. Als Mathilde der Lehrerin vorschlägt, dass doch alle Schüler erzählen könnten, wohin sie in den großen Ferien in den Urlaub fahren, spürt Ina plötzlich ___Angst___ in sich aufsteigen. Sie hat keine Urlaubspläne.

Als sie an der Reihe ist, greift sie zu einer ___Notlüge___ und sagt, dass sie „in den Süden" fahren werde. Trotz kurzer ___Verwirrung___ in der Klasse kommt nicht mehr heraus, dass sie nicht die ___Wahrheit___ gesagt hat. Als Vilmer an der Reihe ist, wirft er relativ locker ein, dass sein Vater ___pleite___ sei und er deshalb nicht wegfahren könne.

Vigdis möchte im Anschluss daran eine besondere ___Aktion___ mit den Schülern machen: Alle dürfen ___drei___ Dinge aufschreiben, von denen sie hoffen, dass sie in den Sommerferien passieren werden. Die ___Auflösung___ erfolgt dann erst nach den Ferien. Vilmer fragt Ina nach einem ___Stift___ und sie schreibt schnell drei Dinge auf, von denen sie glaubt, dass sie sowieso ___niemals___ passieren werden. Zum Abschluss singt die Klasse gemeinsam mit der Lehrerin noch ein Lied. Auf Vilmers Kontaktversuch reagiert Ina ___abweisend___, da sie nur Augen für Markus hat. Schließlich verabschieden sich alle voneinander und die Schüler ___stürmen___ zur Klassenzimmertür hinaus.

Aufgabe 2: Steckbrief von Vilmer

a) Nachträglich zu ergänzende Angaben aus Aufgabe b) bzw. der Erinnerung am Ende von Block 6 (S. 29) sind in grauer Schrift kenntlich gemacht.

	Vilmer
wichtigste Merkmale (Alter, Geschlecht, Herkunft, Wohnort)	• geht in die 6a (S. 8) • lebt in Norwegen (S. 8) • Wohnort: Trostevejen 30, Aufgang F, Tyllebakken Bauverein (S. 12)
Aussehen	• schlank/dürr (S. 8) • lockiges Haar (S. 7) • trägt uncoole Kleidung (S. 8), speziell T-Shirts (S. 8, S. 13, S. 79) • schiefer Schneidezahn (S. 8) • „knallblaue" (S. 80)/hellblaue Augen (S. 89)
Charaktereigenschaften, Vorlieben und Hobbys	• gibt nicht viel auf die Meinung anderer (S. 20) • legt keinen Wert auf Mode
Sonstiges	• Vater hat wenig Geld (ist pleite) (S. 20) • lebt mit seinem Vater zusammen (S. 20) • angelt gern (S. 42) • Vater trinkt gern und viel (S. 127 und 129) • Mutter wohnt in Schweden und hat Kind mit anderem Mann (S. 129) • hat nur telefonisch Kontakt zur Mutter (S. 129)

b) Individuelle Lösung

➲ Aufgabe 3: Warum lügt Ina?

a), b) und c) Individuelle Lösungen, mögliche Vervollständigung und Markierung (dunkelgrau = Angst vor Ausgrenzung, hellgrau = Wunsch nach Anerkennung):

Wenn die anderen erfahren, dass ich nicht (wie sie) in den Urlaub fahre,	... dann werde ich ja nie in ihre Clique aufgenommen.
Ich bin noch nicht so lange in der Klasse und möchte doch nur den besten Eindruck auf die anderen machen. Wenn ich mich einfach so zeige, wie ich wirklich bin,	Individuelle Lösung
Wenn ich ehrlich sagen würde, dass wir kein Geld haben,	... dann halten sie mich vielleicht für asozial und wollen nichts mit mir zu tun haben.
Ach, Markus ist so ein toller Junge. Er gefällt mir so gut. Wenn er auf mich aufmerksam werden soll,	... dann muss ich ihn mit irgendetwas beeindrucken.
Individuelle Lösung	Individuelle Lösung
Individuelle Lösung	... dann werden sie mich vielleicht auslachen, weil ich langweilig zu Hause sitzen muss.

d) Natürlich ist die Denkweise eines selbstbewussten Mädchens in diesem Fall besser, da sie vor unüberlegten Handlungen schützt und Frust vermeidet.

- *Wenn die anderen erfahren, dass ich nicht (wie sie) in den Urlaub fahre, dann werden sie*

  ... sich vielleicht erkundigen, was ich denn in den Ferien sonst so vorhabe und wir kommen ins Gespräch.

- *Ich bin noch nicht so lange in der Klasse und möchte doch nur den besten Eindruck auf die anderen machen. Wenn ich mich einfach so zeige, wie ich wirklich bin, dann*

  ... werde ich mich mit den Leuten anfreunden, die wirklich zu mir passen und denen etwas an mir liegt.

- *Wenn ich ehrlich sagen würde, dass wir uns keinen Urlaub leisten können, dann*

  … habe ich ein reines Gewissen und kann anhand der Reaktionen einschätzen, wie die anderen so drauf sind.

- *Ach, Markus ist so ein toller Junge. Er gefällt mir so gut. Wenn er auf mich aufmerksam werden soll, dann*

  … kann ich mir etwas Besonderes einfallen lassen, was mich von anderen unterscheidet.

e) Der Grund dafür ist, dass das Selbstbewusstsein vermutlich nur bei wenigen Kindern oder Jugendlichen schon so stark ausgeprägt ist und man in solch einem Fall lieber zur Lüge greift, um sich zu schützen.
An dieser Stelle wäre es wichtig, den Kindern zu vermitteln, dass auch eine Meinung oder Verhaltensweise, die vom „Normalen“ oder „Üblichen“ abweicht, völlig in Ordnung ist bzw. bei Bedarf auch vertreten werden darf bzw. sollte. Die Kinder sollten dahingehend bestärkt werden. Außerdem sollte man ihnen Mut zu machen, ehrlich zu sein, auch wenn es manchmal unbequem ist.

➲ Aufgabe 4: Drei Wünsche für die Ferien

a) Mögliche Aspekte wären z. B.:
   - Freunde finden
   - zu einer Gruppe in der Klasse dazugehören
   - Markus näherkommen
   - in den Urlaub fahren

b) Individuelle Lösungen

SH 9–11

Block 2: Schulende und Mathildes Geburtstagsfeier (S. 28–46)

Überblick zum Inhalt

S. 28–32
Mathilde versichert sich vor dem Schultor noch einmal, dass auch alle am Abend zu ihrer Geburtstagsfeier kommen. Ina geht eigentlich nie auf Geburtstagsfeiern, weil ihre Mutter kein Geld für Geschenke hat. Als Markus jedoch mit ihr ins Gespräch kommt, lässt sie sich überrumpeln und sagt zu. Vilmer stößt zu ihnen und geht davon aus, dass auch er eingeladen sei. Deshalb schlägt er Ina vor, ob sie nicht zusammen dort hingehen wollen, worüber sich die anderen insgeheim lustig machen. Ina, die sich ohnehin bereits als Außenseiterin fühlt, möchte nichts mit Vilmer zu tun haben und auch nicht mit ihm zusammen den Heimweg antreten.

S. 33–36
Zu Hause angekommen findet Ina eine verlassene Wohnung vor, da ihre Mutter nicht zu Hause ist. Laut einem Zettel auf dem Tisch ist sie in einem Kurs und wird erst am Abend wieder zurück sein. Ina überlegt sich die Sache mit dem Geschenk, denkt an Markus und beschließt, doch auf den Geburtstag zu gehen.

S. 37–46

Bei Mathilde angekommen, bewundert Ina zunächst das Haus der Familie und das Auftreten und Aussehen von Mathildes Mutter. Auch Mathilde selbst hat sich sehr schick gemacht. Ina greift zu einer Notlüge und tut so, als hätte sie das Geburtstagsgeschenk zu Hause vergessen, worüber Mathilde natürlich sehr enttäuscht ist. Anschließend packt Mathilde alle anderen Geschenke aus, welche durchweg sehr großzügig ausfallen. Danach gibt es Pizza und Markus trifft ein. Ina bedauert sehr, dass sie neben Johanne und gegenüber von Vilmer sitzt, anstatt neben Markus. Sie beobachtet ihren Schwarm aber ausführlich, während sie so tut, als höre sie ihren beiden Sitznachbarn zu. Bis zum Ende der Feier hat sie keine Gelegenheit, mit Markus zu sprechen. Aufgrund der Nachfrage von Mathilde erfindet Ina immer neue Lügen hinsichtlich der Unterkunft und der Umgebung ihres angeblichen Urlaubsortes und schmückt alles in den schillerndsten Farben aus. Mathilde fordert zunächst sie und dann alle auf, viele Urlaubsbilder im Klassenchat zu posten, was Ina den Schweiß auf die Stirn treibt. Zu ihrem Unmut gibt Markus Mathilde am Ende der Feier zur Verabschiedung auch noch einen Kuss auf die Wange.

➲ Aufgabe 1: Inhaltssicherung

Ina I
Mathilde M
Regine R
Mathildes Mutter MM
Vilmer V

- V erzählt vom Angeln.
- M feiert um sechs Uhr am Abend eine Geburtstagsparty.
- M* und Regine wollen, dass Ina ihnen Bilder vom Urlaub zuschickt.
- M* und Regine sind richtig dicke Freundinnen.
- M gibt Markus einen Kuss zum Abschied.
- I erklärt, dass sie am nächsten Tag richtig früh losfliegen wird.
- R fragt Ina, ob sie denn schon herausgefunden hat, wohin genau sie im Urlaub fährt.
- V möchte mit Ina zusammen zum Geburtstag gehen.
- I gibt an, wie toll es in ihrem Urlaub wird.
- I* und Vilmer wohnen beide in Tyllebakken.
- I ärgert sich, dass sie nicht mit Markus ins Gespräch kommt.
- I hat kein Geld, um ein Geschenk zu kaufen.
- M sitzt beim Essen neben Markus.
- MM riecht nach Parfüm und ist sehr nett zu Ina.

* Hier wäre auch die umgekehrte Lösung richtig.

Aufgabe 2: Der Neue

- **seine Kleidung** (S. 11, Z. 18):
„[...] in seinen hässlichen Klamotten [...]"

- **sein Auftreten/seine Sprechweise** (S. 12, Z. 14-15):
„Er klingt wie ein kleines Kind, das eben erst gelernt hat, seine Adresse auswendig aufzusagen."

- **sein Wohnort** (S. 12, Z. 22):
Platz 1 der „hässlichsten Wohnorte"

- **seine Zähne** (S. 26, Z. 23-24):
„Der schiefe Schneidezahn ist hässlich."

- **sein Aussehen** (S. 26, Z. 25-26):
„Er sieht einfach nur aus wie ein Loser."

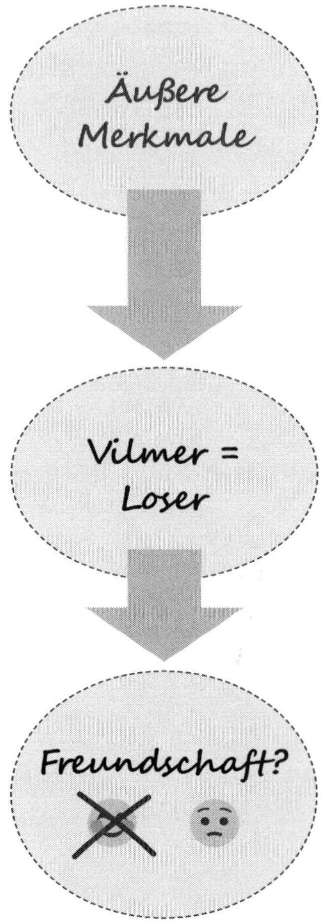

Kann sich Ina eine Freundschaft mit Vilmer vorstellen?
(S. 13, Z. 9-10, S. 32, Z. 4-5)

- „Aber ich brauche Freunde, die mich hochziehen, nicht runter."
- „[...] ganz bestimmt kein Freundschaftsmaterial [...]"

Aufgabe 3: Vilmer, der „Loser"?

a) Individuelle Lösung

b) Individuelle Lösung

c) Vorurteile werden dann gefährlich, wenn man keinerlei Interesse daran hat, das getroffene Urteil über die entsprechende Person auch zu revidieren. Wer also einmal in der entsprechenden Schublade gelandet ist, hat keine Möglichkeit mehr, dieser jemals wieder zu entkommen. Das Abbauen bestehender Vorurteile wird dadurch erschwert, dass man eher dazu neigt, jene Aspekte zu registrieren, die das Vorurteil bestätigen. Alles, was unser bereits getroffenes Vorurteil widerlegen würde, wird hingegen weit weniger häufig wahrgenommen.

Wenn Vorurteile (zum Beispiel über bestimmte Personengruppen) oft genug wiederholt und im großen Stil verbreitet werden, besteht die Gefahr, dass immer mehr Menschen daran glauben und diese als Wahrheit akzeptieren. Häufig spielen Vorurteile eine Rolle bei Diskriminierung und Ausgrenzung von bestimmten Gruppen.

d)
- Die eigenen Vorurteile erkennen und bewusst machen.
- Vorurteile immer wieder hinterfragen.
- Das eigene Verhalten nicht von Vorurteilen bestimmen lassen.

Block 3: Ferienstart und große Langeweile (S. 47–63)

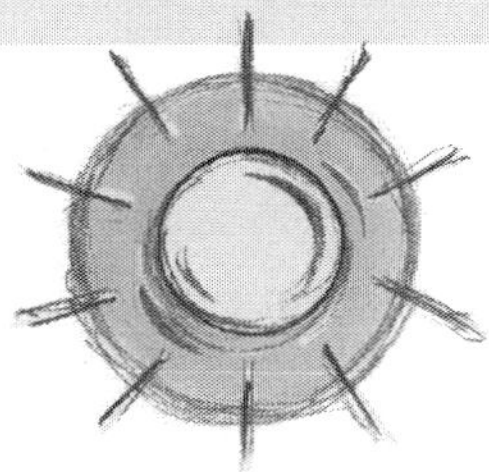

SH 12–16

Überblick zum Inhalt

S. 47–52
Auf dem Heimweg hängt Ina noch Fantasien hinsichtlich Markus nach und trifft zu Hause dann auf ihre Mutter. Diese ist erschöpft und ungepflegt und erklärt Ina, dass sie heute im „Kurs" gewesen sei. Ina vergleicht ihre Mutter insgeheim mit anderen Müttern und kann nicht nachvollziehen, warum ihre Mutter so müde und abgekämpft ist. Sie wünscht sich ein ganz normales Leben wie all die anderen Kinder, die sie kennt und deren Eltern ganz normal arbeiten gehen. Ina kann sich unter dem Kurs wenig vorstellen. Es handelt sich aber wohl um einen Arbeitsvermittlungskurs, der zu allem Überfluss sechs Wochen dauern wird und an dem ihre Mutter verpflichtend teilnehmen muss. Andernfalls bekommt sie kein Geld mehr vom Arbeitsamt. Im Laufe des Gesprächs begreift Ina, dass sie die ganzen Sommerferien vermutlich alleine verbringen muss und ist verzweifelt. Ihre Mutter möchte, dass sie ab und zu zu ihrer Großmutter fährt, was bei der Sechstklässlerin aber wenig Begeisterung hervorruft. Angesichts der gesamten Situation wird Ina wütend, stürmt aus dem Zimmer und wirft sich heulend auf ihr Bett.

S. 53–57
Ina verbringt die ersten Tage ihrer Ferien damit, im Internet nach dem perfekten Ferienziel zu suchen und sucht sich ein Hotel heraus, das all ihren Vorstellungen vom perfekten „Südenurlaub" entspricht: das *Blue Lagoon Deluxe*. Weil es extrem heiß ist, lügt sie ihrer Oma bei ihren Telefonaten vor, dass sie jeden Tag mit ihren Freunden in die Badebucht fährt. Wenn ihre Mutter nach Hause kommt, reden sie noch über den Tag, essen gemeinsam zu Abend und dann geht ihre Mutter zu Bett. Dass es immer nur Tiefkühlpizza gibt, macht Ina nichts aus. Ihre Mutter hingegen träumt von Garnelen, da dieses Essen für sie der Inbegriff von Sommer und Wohlstand ist.

S. 58–60
Das Wohngebiet Tyllebakken wird als ziemlich hässlich beschrieben und besteht aus heruntergekommenen, gelb gestrichenen Betonbauten mit verschiedenen Aufgängen, die zu den Wohnungen führen. Als Ina in der Schule das erste Mal davon erzählt hat, machen die anderen Kinder sich darüber lustig und der Spitzname „Güllebakken" entstand. Aus Scham vermeidet Ina es seither, die Wahrheit zu sagen, wenn sie jemand nach ihrem Wohnort fragt. Ina kommt sich vor wie eine Gefangene, weil sie dort den ganzen Tag in der Wohnung hocken muss, während die anderen verreist sind.

S. 61–63
Um sich die Zeit zu vertreiben, googelt sie nach Videos von Leuten, denen es ähnlich geht wie ihr, informiert sich ausführlich über die Herstellung von Schleim und studiert die Internetseite des Hotels *Blue Lagoon Deluxe*. Im Klassenchat posten ihre Mitschüler erste Bilder von ihrem Urlaub und Ina sehnt sich so sehr danach, so etwas auch einmal erleben zu dürfen. Ihr graut vor dem ersten Schultag, an dem alle von ihren tollen Ferien erzählen werden. Sie fühlt sich schlecht und stellt fest, dass irgendetwas passieren müsse, weil sie diesen Zustand nicht aushalten würde.

➲ Aufgabe 1: Inhaltssicherung

a) Inas Mutter sitzt vor dem Fernseher, ist ungepflegt, müde und abgeschlagen. Sie versucht zu erklären, dass der Kurs, den sie besucht, sehr anstrengend für sie ist.
b) Ina wünscht sich einfach nur eine „normale Mutter", wie alle anderen sie auch haben. Dies ist mit „Kurs im Muttersein" (S. 49, Z. 16) gemeint.

c) Inas Mutter versucht, ihrer Tochter zu erklären, dass sie an dem Kurs teilnehmen muss, um einen Job zu bekommen.

d) Da der Kurs sechs Wochen dauert, soll Ina die Ferien bei ihrer Oma verbringen.

e) Ina wird wütend und wirft sich weinend aufs Bett.

f) Ina verbringt die ersten Ferientage in der Wohnung vor dem Computer und sucht stundenlang nach einem perfekten Ort im Süden für sie und ihre Mama. Jeden Morgen telefoniert sie mit ihrer Oma und abends isst sie mit ihrer Mama Tiefkühlpizza.

g) Es handelt sich um eine hässliche Wohnanlage auf Asphalt mit gelben, heruntergekommenen Betonbauten mit verschiedenen Aufgängen. Die Mülltonnen und Plastikcontainer quillen über, morgens liegen Essensreste, Papier und Plastiktüten herum. Der Sandkasten ist voller Laub und stinkt nach Katzenurin. Das Klettergerüst ist verrostet und knirscht.

h) Das *Blue Lagoon Deluxe* ist das Luxushotel, das Ina sich im Internet ergoogelt hat. Es ist das teuerste, das sie gefunden hat und perfekt für den Urlaub geeignet, den Ina sich erträumt. Sie sieht sich viele Bilder davon an und gibt den auf den Fotos abgebildeten Angestellten Namen.

Aufgabe 2: Vom Urlaub träumen

a) Individuelle Lösung

b) Individuelle Lösung

c) Individuelle Lösung

Aufgabe 3: Was ist los mit Inas Mama?

Bei diesem Thema sind große Sensibilität und ein vorsichtiges Vorgehen seitens der Lehrkraft gefragt. Bestimmt haben einige Schülerinnen und Schüler bereits Erfahrungen mit dem Thema „Depression" gemacht. Um allen Schülerinnen und Schülern den Zugang dazu zu ermöglichen, ist es an dieser Stelle wichtig, eine Art Definition bzw. Beschreibung dieses Zustandes vorzulegen. Anhand der Aufgaben kann das Thema dann nach und nach erschlossen und somit für eine Diskussion fruchtbar gemacht werden.

b) und c)

Seite/ Zeile(n)	Beschreibung von Aussehen, Verhalten und Stimmung	Was sagt der Informationstext dazu?
S. 33	• ist immer sehr müde	Antriebslosigkeit
S. 33	• macht nichts im Haushalt (Pflanzen vertrocknen, nicht geputzt)	gedrückte Stimmung Schlafstörungen
S. 35	• macht Ina kein Essen	Energieverlust
S. 48	• trägt schmutzigen Jogginganzug	Interessenverlust
S. 48	• müde, ermattet, erschöpft vom Kurs	innere Unruhe
S. 49	• war nicht einkaufen	(Konzentrationsschwierigkeiten)
S. 48/49	• kocht wieder nicht für Ina	
	• wenig Interesse an Ina	

d) Probleme seit November/vor Weihnachten (S. 33)
Dauer insgesamt: etwa 7-8 Monate (Zeitpunkt der Romanhandlung vor den Sommerferien, also etwa Mitte/Ende Juni)

e) Eine Beurteilung ist aufgrund der unvollständigen Informationslage nicht ganz leicht. Den Kindern sollte immer klar gemacht werden, dass eine tatsächliche Diagnose nur durch einen Arzt erfolgen kann.
Sicher wird man sagen können, dass Inas Mama deutliche Anzeichen einer Depression zeigt.
Von besonderer Wichtigkeit ist hier der Hinweis, dass Inas Mutter schon *sieben bis acht Monate* mit den Symptomen zu kämpfen hat. Laut der Definition muss man also mit den uns vorliegenden Informationen von einer Depression sprechen: Die entsprechenden Haupt- und Zusatzsymptome liegen vor, der Zeitraum übersteigt die angegebenen zwei Wochen deutlich.
Eine endgültige Bewertung kann aufgrund der wenigen und nicht gesicherten Informationen sowie der fehlenden professionellen Diagnose nicht getroffen werden.
Die Kinder sollen aber an dieser Stelle eine Sensibilität für dieses Thema entwickeln und besser verstehen können, was mit einer Person los ist, die die oben genannten Verhaltensweisen an den Tag legt. Außerdem sollte man mit den Schülern besprechen, dass es sich bei einer Depression um eine richtige Krankheit handelt und dass aufmunternde Worte oder Durchhalteparolen in einer solchen Situation wenig hilfreich, vielleicht sogar kontraproduktiv sind.

f) Individuelle Gesprächsbeiträge; didaktischer Hinweis: siehe Vorbemerkung zu dieser Aufgabe

g) Anzukreuzen sind folgende Punkte:

	• eigene Bedürfnisse zurückstellen, weil man der depressiven Erwachsenen nicht zur Last fallen möchte
✘	• die Mutter liebevoll in den Arm nehmen, wenn es ihr nicht gut geht
	• die Rollen tauschen, d. h. das Kind übernimmt die des Erwachsenen und der Erwachsene die des Kindes
✘	• darauf drängen, dass die Mutter professionelle Hilfe in Anspruch nimmt (z. B. von einem Psychologen
✘	• mit einem anderen Erwachsenen darüber sprechen, dem man vertraut
	• sich selbst als Grund für den Zustand des depressiven Erwachsenen sehen
✘	• dem depressiven Erwachsenen sagen, wie sehr einen diese Situation belastet und wie traurig man darüber ist
	• den Zustand des depressiven Erwachsenen mit einem „Ach, das wird schon wieder …“ (gesagt oder gedacht) verharmlosen

Den Schülern sollte klargemacht werden, dass es in keinem Fall ihre Schuld ist, wenn ein Elternteil oder eine nahestehende Person derartige Verhaltensweisen zeigt bzw. droht, in eine Depression abzurutschen oder sich bereits dort befindet.
Wichtig ist an dieser Stelle zu betonen, dass es einzig und allein das Problem des Erwachsenen ist und dass dieser auch verantwortlich für dessen Lösung ist, in keinem Fall aber das Kind, selbst wenn es die Probleme hautnah mitbekommt oder vielleicht sogar als seelische Stütze für den depressiven Erwachsenen fungieren muss.
Auch besonders brav und folgsam zu sein (was verständlicherweise eine häufige Anpassungsstrategie von Kindern in dieser Situation ist), schafft hier aus eben diesem Grund keine Abhilfe. Einzig und allein eine psychologische Betreuung oder Behandlung kann helfen.

➲ Aufgabe 4: Wie lange sind deine Ferien?

a) Individuelle Lösung

b) Individuelle Lösung je nach Bundesland, Beispiel: 45 Tage Sommerferien:
45 x 24 Stunden = 1080 Stunden
1080 x 60 Minuten = 64.000 Minuten
64.000 x 60 Sekunden = 3.888.000 Sekunden

c) Individuelle Lösung

SH 17–21

Block 4: Vilmer und das „Abenteuer Süden" (S. 64–93)

Überblick zum Inhalt

S. 64–67

Um sie nicht zu enttäuschen, lügt Ina ihrer Mutter beim Abendessen vor, dass sie jeden Tag mit ihrer Freundin Maria an der Badebucht sei. Die beiden verlieren sich in Tagträumen über gemeinsame Abende, an denen es Garnelen gibt, und perfekte Urlaubsorte. Inas Mutter würde auch gerne einen Urlaub im Süden machen. Nachdem die beiden einen schönen Abend zusammen verbracht haben und Ina gut gelaunt im Bett liegt, hört sie plötzlich, wie eine männliche Stimme aus dem Hinterhof ihren Namen ruft. Ina versteckt sich, schaltet das Licht aus und sieht vorsichtig aus dem Fenster: Es ist Vilmer – „der nervigste Nachbar der Welt" (S. 67, Z. 18).

S. 68–70

Am nächsten Morgen ruft Ina ihre Oma an und sagt, dass sie zu Maria gehen würde. Am Abend steht Vilmer wieder im Hinterhof und ruft Inas Namen zum Fenster hoch. Ina sitzt im Dunkeln auf ihrem Bett und hofft, dass sie nicht zu sehen ist. Als auch das Steinchen-ans-Fenster-werfen von Vilmer nichts hilft, gibt er auf und geht nach Hause. Weil er gegenüber wohnt, kann Ina kurz darauf sehen, dass er, genau wie sie, einsam in seinem Zimmer vor einem Computer sitzt.

S. 71–73

Ina verbringt die nächsten Tage bei geschlossenen Vorhängen und Fenstern in ihrem Zimmer, um Vilmer nicht begegnen zu müssen. Weil alle anderen weiterhin tolle Urlaubsbilder in der Klassengruppe posten, entschließt sich Ina kurzerhand, dort ein Foto vom *Blue Lagoon Deluxe* hochzuladen. Sie bekommt auch erste positive Reaktionen darauf.

Vilmer wird nicht müde, jeden Abend Steinchen an Inas Fenster zu werfen, geht aber danach immer wieder zurück in sein Zimmer und spielt am Computer. Eines Abends blinkt plötzlich Inas Handy auf und sie bekommt eine Nachricht von einer unbekannten Nummer. Der Absender fragt, was nun mit dem „Süden" passiert sei.

S. 74–78

Am Frühstückstisch fragt Inas Mutter, ob der Junge, der gestern angerufen habe, sie schon erreicht hätte. Ina wird klar, dass die Nachricht am vergangenen Abend von ihm gewesen sein muss. Sie wechselt das Thema und berichtet von ihren Plänen für den Tag, was ihre Mutter stolz zur Kenntnis nimmt. Ina liest Vilmers SMS mehrmals durch, beschließt aber, nicht zu antworten. Sie kann sich überhaupt nicht vorstellen, sich mit Vilmer anzufreunden. Aus Langeweile und Verzweiflung angesichts der vergangenen trostlosen Ferientage entschließt sie sich schließlich aber doch, sein abendliches Steinewerfen diesmal nicht zu ignorieren. Sie winkt, lächelt ihm zu und verabredet sich mit ihm mangels Alternativen per SMS für den nächsten Tag.

S. 79–81

Am nächsten Morgen kommt Vilmer in einem Heavy-Metal-T-Shirt in den Hof und freut sich über Inas Gesellschaft. Diese weiß nicht so recht, was sie von alldem halten soll und bereut es zunächst, seinen Kontaktversuchen nachgegeben zu haben. Vilmer führt sie schließlich durch den Hinterhof in „sein Reich“, wie er es nennt.

S. 82–89

Es handelt sich um eine verlassene alte Kellerwohnung mit alten Möbeln und noch funktionierenden Geräten. Vilmer erzählt Ina, dass er sich oft hier aufhalte und herausgefunden habe, dass die Wohnung wohl früher dem Hausmeister von Tyllebakken, Anton Berntzen, gehört hat. Er mimt einen Kellner und serviert Ina zwei Flaschen Cola mit einem Strohhalm. Aus einer Schublade mit alten Unterlagen und Briefen geht hervor, dass der Hausmeister entgegen seiner früheren Arbeitseinstellung offensichtlich äußerst nachlässig in seinen Arbeiten geworden war. Anschließend erzählt Vilmer Ina, wie er den Ort entdeckt und aus Langeweile und Neugier nach und nach so hergerichtet habe, dass man sich darin aufhalten kann. Ina ist weiterhin skeptisch. Sie findet in der Ecke der Schublade einen kleinen goldenen Ring mit einer Gravur – ein Verlobungsring aus den 60er Jahren. Offensichtlich muss die Dame, der dieser Ring gehören sollte, ihn an Anton zurückgegeben haben – womöglich eine Erklärung für die Nachlässigkeit des Hausmeisters. Vilmer steckt sich schließlich den Ring an den Finger. Außerdem spricht er Ina auf ihre damalige Aussage im Klassenzimmer an, was ihr unangenehm ist. Vilmer, der Inas Lüge längst durchschaut hat, gesteht, dass er ebenfalls schon einmal zum selben Thema gelogen habe und verspricht ihr gleichzeitig, niemandem von Inas Flunkerei zu erzählen. So entsteht eine gewisse Nähe zwischen den beiden und Ina findet ihr Gegenüber zum ersten Mal ganz „lieb“.

S. 90–93

In der folgenden Nacht träumt Ina von Markus, allerdings verschmilzt das Bild ihres Schwarms auf einmal mit dem von Vilmer und sie sieht sich schließlich mit ihm auf der Couch sitzend zusammen Cola trinken und einen Heiratsantrag bekommen. Am Morgen hat sie bereits eine Nachricht von Vilmer auf dem Handy.

Als Ina in die Küche geht, findet sie ihre Mutter ganz anders als sonst vor, nämlich hübsch zurechtgemacht, gut gelaunt und gepflegt, was für Ina etwas Besonderes ist. Als Ina auf Nachfrage lügt, dass sie heute mit ihrer erfundenen Freundin Maria zur Badebucht fahren will, schlägt ihre Mama vor, dass Maria doch einmal bei ihnen übernachten könne. Damit ihre Lüge nicht auffliegt, tut Ina so, als ob Maria kurzfristig krank geworden sei, damit diese Frage vom Tisch ist.

Ina beschließt, den Tag wieder mit Vilmer zu verbringen, da sie ihn mittlerweile ganz witzig und nicht mehr völlig uncool findet. Dies soll jedoch auf die Ferien beschränkt bleiben und danach ein Ende haben. Anschließend postet sie ein Bild von „ihrem Strand“ in der Klassengruppe und genießt die Reaktionen der anderen darauf.

Aufgabe 1: Inhaltssicherung

	✓/✗	Was ist falsch?
Ina freut sich schon riesig, mit ihrer besten Freundin Maria baden zu gehen.	✗	Maria gibt es nicht. Sie dient Ina nur dazu, eine Ausrede zu haben.
Vilmer ruft Ina von seinem Fenster aus zu.	✗	Vilmer steht unter Inas Fenster und ruft ihr zu.

	✓/✗	Was ist falsch?
Ina sagt den Besuch bei ihrer Oma ab.	✓	
Vilmers Wohnung erreicht man über Aufgang F.	✓	
Ina verschickt Swimmingpool-Fotos und alle aus ihrer Klasse antworten, wie schön das ist.	✗	Mathilde, Regine und Markus antworten nicht auf die Bilder.
Vilmer trägt diesmal ein schickes rotes T-Shirt.	✗	Er trägt ein viel zu großes und ausgewaschenes schwarzes T-Shirt mit dem Aufdruck einer Heavy-Metal-Band.
Vilmer zeigt Ina eine alte Kellerwohnung im hinteren Teil des Hofes.	✓	
Den Schlüssel für die Kellerwohnung hat Vilmer unter der Fußmatte gefunden.	✗	Er knackt das Schloss mit einem Werkzeug.
In der alten Kellerwohnung gibt es nur ein einziges Zimmer mit einem gelben Sofa.	✗	Es gibt mehrere Zimmer und das Sofa ist rot.
Die beiden finden einige Briefe mit Rechnungen und Beschwerden in der Wohnung.	✓	
Der Besitzer der Wohnung hieß Günther Berntzen und war bis ins Jahr 2010 der Gärtner der Wohnanlage.	✗	Er hieß Anton Berntzen und war der Hausmeister der Wohnanlage. Die letzten Briefe stammen aus den Jahren 1963 und 1966.
In der alten Wohnung gibt es noch Strom und fließendes Wasser.	✓	
Die beiden finden einen Verlobungsring.	✓	

➲ Aufgabe 2: Eine Skizze der Kellerwohnung

Lösungshinweise:

- Über sieben bis acht Stufen erreicht man die Eingangstür der Wohnung vom Hof aus.
- Man betritt zuerst das **Wohnzimmer**, von dem aus zwei weitere Türen in andere Zimmer abgehen.
- Im Wohnzimmer steht ein Schreibtisch (an dem eine Schreibtischlampe klemmt) mit Stuhl an einer Wand, ein rotes Sofa mit Beistelltisch an der gegenüberliegenden Wand.
- Ein großer Werkzeugkasten steht neben dem Schreibtisch am Boden.
- Es gibt ein kleines Fenster im Raum.
- Eines der beiden anderen Zimmer ist das **Bad**, ein kleiner Raum mit Toilette und Waschbecken.
- Der andere Raum ist die **Küche**. Hinten steht eine Küchenbank. Der Kühlschrank steht in der Ecke. Es gibt ein Spülbecken und Kochmöglichkeiten. In der Mitte des Raumes stehen ein kleiner Tisch und zwei Stühle. (Neben dem Herd in der Ecke liegen zwei Pizzaschachteln auf dem Boden.)

Aufgabe 3: Selbstdarstellung in den Sozialen Medien

a) Ausgehend von einem einfachen Kommunikationsmodell (Sender – Empfänger) wollte Paul Watzlawick ausdrücken, dass man (auch ohne sich dessen bewusst zu sein) grundsätzlich immer irgendeine Botschaft an seine Umgebung übermittelt. Dabei spielt es keine Rolle, ob dies vom Sender beabsichtigt ist oder nicht.[1] So ist die Reaktion (oder Nicht-Reaktion) auf eine Botschaft eben auch schon ein Signal für den anderen, aus dem er gewisse Schlüsse ziehen kann. Ähnlich verhält es sich mit Bildern, die man betrachtet (wie eben hier bei den Posts im Klassenchat). Der Betrachter zieht eine bestimmte Information aus den Bildern und diese kann ganz unterschiedlich sein. Selbstverständlich ist es an dieser Stelle nötig, die komplexe Theorie der Kommunikation auf ein sehr einfaches Maß herunterzubrechen und einen altersgemäßen Zugang zu schaffen. Dennoch ist es gewinnbringend und sinnvoll, eine so wichtige Komponente des menschlichen Zusammenlebens auch bereits mit Schülern der Unterstufe zu thematisieren.

Je nach Altersstufe, Zeit und Schwerpunktsetzung ist es an dieser Stelle auch denkbar, tiefer in den Bereich der Kommunikationsmodelle einzusteigen. Das bekannte „Vier-Ohren-Modell“ von Friedemann Schulz von Thun[2] eignet sich dazu wohl am besten und ist durchaus auch Kindern aus der Unterstufe vermittelbar, wenn man sich entsprechend Zeit dafür nimmt. Eine Auseinandersetzung damit lohnt sich und eröffnet nicht nur ein besseres Verständnis im konkreten Zusammenhang mit der Lektüre, sondern bietet einen enormen Mehrwert weit über den Deutschunterricht hinaus, nämlich die Möglichkeit, seine eigene Sprache (und die der anderen) zu reflektieren. Mit diesem erweiterten Hintergrundwissen ist es auch möglich, Aufgabe c) tiefergehend zu beantworten und sich zu überlegen, welche Botschaften hier jeweils gesendet und empfangen werden.

b) Obgleich Johannes Mitschüler die Fotos nicht kommentieren und somit augenscheinlich nicht kommunizieren, kann man ihr bewusstes Nicht-Antworten schon als Kommunikation auffassen. Indem sie Johannes Fotos mit Missachtung strafen, signalisieren sie ihr, dass sie ihre Fotos, ihren Urlaub, vielleicht sogar die ganze Person zumindest als uninteressant betrachten. Darüber hinaus könnten die wenigen Likes und ausbleibenden Kommentare auch für ein „Wir mögen dich nicht!“ stehen oder zumindest von Johanne so aufgefasst werden.

c) Mögliche Lösungen:

1. Mathilde likt Markus’ Foto mit einem Herz. (S. 71)
2. Julie hält vor einer Blumenwand eine französische Flagge hoch. (S. 71)
3. Fotoserie von Regine vor dem Meer mit Sonnenuntergang in rosa Licht (S. 93)
4. Regine mit großen Einkaufstüten vor dem Eiffelturm in Paris (S. 62)
5. Markus sonnenbadend auf einem großen Boot mit Rettungsweste (S. 63)
6. Mathilde vor dem riesigen Swimmingpool auf Kreta (S. 71)

Seht her, was für ein tolles Hotel wir uns leisten können. Alleine der Pool ist größer als euer ganzes Haus! 6

Meine Familie ist international und gebildet. Wir sprechen Französisch und fühlen uns der Oberschicht zugehörig. 2

Der schönste und begehrteste Junge steht natürlich auf mich. Das zeige ich, indem ich seinen Post mit einem Herz markiere. 1

Ich hab’ das Zeug dazu, später einmal Model zu werden. 3

Wir haben so viel Geld, dass wir in den angesagtesten Metropolen dieser Welt einkaufen gehen! 4

Ich bin der schöne Sunnyboy! 5

1 Vgl. Paul Watzlawick, Janet H. Beavin, Don D. Jackson: Menschliche Kommunikation. Formen, Störungen, Paradoxien, Bern 2011.

2 Friedemann Schulz von Thun: Miteinander Reden 1. Störungen und Klärungen. Allgemeine Psychologie der Kommunikation, Hamburg 2011.

d) Ina handelt selbstverständlich genau aufgrund der beiden Aspekte so. Der Wunsch nach Anerkennung und die Angst vor Ausgrenzung wiegen in diesem Fall schwerer als die Furcht vor Sanktionen wegen der Lüge.

Würde man hier die **Stufen der moralischen Entwicklung nach Kohlberg** heranziehen (siehe Tabelle 1 unten), so käme Ina noch nicht über die Stufe der „Präkonventionellen Moral" (Lust-Schmerz-Orientierung/Kosten-Nutzen-Orientierung) hinaus, was angesichts ihres Alters und ihrer Entwicklungsstufe aber nachvollziehbar ist (vgl. Tabelle 2).

An dieser Stelle zeigt sich, wie wertvoll und wichtig Literaturunterricht auch für die moralische Entwicklung sein kann. Als Empfehlung für die Schulpraxis schlagen Kienbaum und Schuhrke (2010) verschiedene Möglichkeiten vor, um Kinder zu fördern (vgl. die im Anschluss an Tabelle 2 aufgeführten Ansätze für die Schule), darunter etwa auch die **kognitiv-moralischen Konflikte (sog. +1-Konvention)**. Der Schüler wird dabei mit einem moralischen Argument, das eine Stufe über dem eigenen Stand liegt, konfrontiert und es sollte dann eine Diskussion darüber entstehen.[3]

Tabelle 1: Stufen der moralischen Entwicklung nach Kohlberg (Zimbardo 1995)

Stufe	Begründung moralischen Handelns
Präkonventionelle Moral	
Stufe 1: Lust-Schmerz-Orientierung	Schmerzvermeidung oder Sich-nicht-erwischen-lassen
Stufe 2: Kosten-Nutzen-Orientierung	erwartete Belohnung
Konventionelle Moral	
Stufe 3: Braves-Kind-Orientierung	Anerkennung gewinnen, Kritik vermeiden
Stufe 4: Recht-und-Ordnung-Orientierung	den Autoritäten nicht missfallen, die soziale Ordnung aufrecht erhalten
Postkonventionelle Moral	
Stufe 5: Orientierung am sozialen Vertrag	sich für das Wohl der Gesellschaft einsetzen
Stufe 6: Orientierung an ethischen Prinzipien	der Gerechtigkeit dienen
Stufe 7: Transzendenz	universellen Grundsätzen folgen

Tabelle 2: Prozentualer Anteil von Urteilen auf verschiedenen Stufen nach Altersgruppen (Colby et al. 1983)

	Altersgruppe			
Stufe	**10**	**13–14**	**16–18**	**19–22**
1 bis 2	47,5	8,1	2,2	0,0
2	33,3	16,2	11,1	0,0
2 bis 3	14,3	56,8	17,8	9,4
3	4,8	16,2	44,4	31,3
3 bis 4	0,0	2,7	24,4	40,6
4	0,0	0,0	0,0	18,8
4 und höher	0,0	0,0	0,0	0,0

Wie aus Tabelle 2 ersichtlich ist, verändert sich die Art der moralischen Urteilsbegründung zwischen dem zehnten und achtzehnten Lebensjahr erheblich.[4]

3 Vgl. Wisniewski, Benedikt: Psychologie für die Lehrerbildung, Bad Heilbrunn 2013, S. 55 f.

4 Ebd.

Um diesen Ansatz auch für den Unterricht fruchtbar zu machen, schlagen Kienbaum und Schuhrke (2010) folgende Punkte vor:

- Möglichkeiten der Rollenübernahme bieten
- moralische Atmosphäre, Milieu, das einen höheren moralischen Entwicklungsstand präsentiert als den eigenen
- kognitiv-moralische Konflikte, „+1-Konvention“, Konfrontation mit einem moralischen Argument, das eine Stufe über dem eigenen Stand liegt, Dilemmadiskussionen[5]

e) Aufgrund von Inas sozialem Hintergrund bewirken die Fotos in ihr das schmerzliche Bewusstsein, dass sie, was diesen Aspekt betrifft, anders ist als die anderen. Mit dem Lifestyle ihrer Mitschüler kann sie nicht mithalten. Diese Tatsache wird in diesem Alter als besonders schlimm wahrgenommen, da es in diesem Entwicklungsstadium vor allem wichtig ist, auf Augenhöhe mit der Peergroup zu sein. So sieht sie sich gezwungen, diesen Mangelzustand durch eine Lüge zu beheben.

f) Den Kindern ist daran gelegen, ihren Urlaub und das Bild, das sie von sich selbst zeigen, möglichst positiv aussehen zu lassen, um bei ihren Mitschülern einen bleibenden Eindruck zu hinterlassen. Selbstdarstellung in den Sozialen Medien ist nicht darauf ausgerichtet, ein Bild der Wirklichkeit mit all ihren Facetten zu zeigen (wozu dann eben auch schlechtes Wetter, weniger schöne Orte oder ungeschminkte und schlecht gelaunte „Hauptdarsteller“ gehören), sondern dient ausschließlich als Mittel dazu, sich so zu zeigen, wie man gerne von den anderen gesehen werden möchte.

Dazu passend gibt es eine kürzlich ins Licht der Öffentlichkeit gerückte Studie, die von Facebook/Meta[6] selbst in Auftrag gegeben, aber vom Konzern längere Zeit unter Verschluss gehalten wurde. Sie besagt, dass speziell die Nutzung von Instagram für die mentale Entwicklung von vielen Jugendlichen nicht förderlich sei, ihr sogar schaden würde. Ein ausschlaggebender Punkt dafür sei das permanente Sich-Vergleichen aufgrund der dort eingestellten perfekten Bilder von anderen und deren Leben.[7] Für ältere Schülerinnen und Schüler kann es durchaus lohnend sein, sich näher mit dem unten angegebenen Tagesschau-Text von Katharina Wilhelm über die Studie zu beschäftigen.

Wer darüber hinaus mit Schülerinnen und Schülern der höheren Jahrgangsstufen noch tiefer in die Thematik einsteigen möchte, der kann dies zum Beispiel mit einem Zitat des amerikanischen Soziologen Charles Cooley (oder weiterführend mit dem Identitäts-Konzept von George Herbert Mead) tun:

„I am not what I think I am, and I am not what you think I am. I am what I think you think I am.“

5 Wisniewski, Benedikt: Psychologie für die Lehrerbildung, Bad Heilbrunn 2013, S. 55 f.

6 Die Plattform „Facebook“ wurde im Herbst 2021 in „Meta“ umbenannt.

7 Vgl. Wilhelm, Katharina: Instagram schadet jungen Mädchen, https://www.tagesschau.de/wirtschaft/unternehmen/instagram-131.html (19.09.2021).

Aufgabe 4: Argumentation: Was spricht für oder gegen ein „Insta-Foto"?

a) mögliche Punkte, die genannt werden könnten:

Vorteile	Nachteile
• eine (zumindest teilweise authentische) Erinnerungsmöglichkeit schaffen • andere am Moment teilhaben lassen • anderen etwas über sich (zeitnah/sofort) selbst mitteilen • ein besonders schönes Foto von sich haben • besonderes Image von sich schaffen • Anerkennung von anderen bekommen und damit sein Selbstwertgefühl steigern • sich Reichweite verschaffen können und diese u. U. positiv nutzen • Spaß am Fotografieren/Sich Inszenieren kann ausgelebt und mit anderen geteilt werden	• weniger im Moment sein können (die Welt nur noch durch das Smartphone wahrnehmen, ständig auf der Suche nach der perfekten Pose und dem perfekten Bild) → Tunnelblick • sich (zu) viele Gedanken machen, ob man gut auf dem Foto aussieht • nur noch mit Posieren beschäftigt sein • Der eigentliche Ort/Anlass wird völlig nebensächlich und es geht nur noch um das Einfangen des perfekten Fotos als Mittel der Selbstinszenierung. • je nach Situation u. U. gefährlich (Absturz usw.) • Aufgeben von Anonymität und Privatsphäre, teilweise bis ins Intime hinein (und ggf. Schaffen von Angriffsfläche) • man setzt sich selbst unter Druck, immer „abliefern zu müssen", gut aussehen zu müssen usw. • Abhängigkeit von Instagram bis hin zur Sucht („Zwang"/„Druck", immer wieder liefern zu müssen, sich selbst ständig zu übertreffen und mehr und mehr Likes zu sammeln) → Teufelskreislauf • Selbstwertgefühl wird an das Feedback/die Likezahlen gekoppelt

b) Individuelle Lösung

c) Individuelle Lösung

d) Individuelle Lösung

SH 22–25

Block 5: Der „Süden-Plan" (S. 94–114)

Überblick zum Inhalt

Achtung: Die Schüler sollen zunächst nur bis einschließlich Seite 97 lesen und dann die Aufgabe 1 bearbeiten, da sie sonst keine eigenen Ideen entwickeln können und so nur die Ideen aus dem Buch übernommen werden. Ausnahmsweise ist die Inhaltssicherung zum gesamten Block in diesem Fall die zweite Aufgabe.

S. 94–96

Als Ina in die Hausmeisterwohnung kommt, spielt Vilmer zunächst wie wild mit seinem Handy und bemerkt sie erst, als sie plötzlich neben ihm steht. Auch an diesem Tag hat er wieder ein ziemlich lächerliches T-Shirt an. Vilmer erläutert Ina, dass man den Süden einfach als einen Ort begreife könne, „an den man geht, um sich zu entspannen und Spaß zu haben und zu chillen“ (S. 95–96). Zudem gäbe es die Möglichkeit, den Süden einfach als weiter südlich gelegen anzusehen. In diesem Fall könne der Süden doch auch hier in der Hausmeisterwohnung sein. Lächelnd fügt er noch weitere Überlegungen und Begründungen hinzu. Die zunächst noch skeptische Ina findet allmählich Gefallen an seinem Vorschlag und lächelt ihn schließlich an, woraufhin er ihr erneut eine Cola anbietet.

S. 97–100
Nun kann das „Abenteuer Süden“ beginnen. Die beiden sitzen auf ihrem Sofa und beraten sich über Details zu ihrem Vorhaben. Sie legen eine Liste mit allen Dingen an, die sie brauchen, und lassen dabei all ihre Träume und Vorstellungen von einem perfekten Urlaub einfließen. Sie denken angestrengt nach, wie sie den gammligen Keller am besten in ein „Süden-Paradies“ verwandeln können und machen dann einen Plan.

S. 101–103
Ina und Vilmer sammeln alles zusammen, was sich für ihr Vorhaben eignet und was sie in der Kürze der Zeit auftreiben können, und bringen es in die Kellerwohnung. Aus dem Deckel einer leeren Pizzaschachtel bastelt Vilmer ein rundes Schild mit der Aufschrift *Willkommen im Süden* und hängt es am Eingang der Wohnung auf.

S. 104–107
Nach und nach nimmt „der Süden“ Formen an. So wird im ehemaligen Badezimmer der Spa-Bereich mit dem Namen *Paradise Spa* eingerichtet. Das Restaurant mit Esstisch in der Mitte kommt in die saubergemachte Küche. Das Restaurant bekommt den Namen *Sunlight Taverna*, genau wie in Inas Traumhotel *Blue Lagoon Deluxe*. Im Wohnzimmer wird schließlich der *Kids Club* eingerichtet und ebenfalls mit einem Schild versehen. Den Rest nehmen sich Ina und Vilmer für den nächsten Tag vor. Draußen ist es extrem heiß und die Leute aus Tyllebakken verbringen ihren Feierabend. Plötzlich kommt Ina ihre Siedlung gar nicht mehr so schlimm vor, ja sie findet sie sogar richtig nett. Vilmer winkt ihr zum Abschied zu und beide gehen nach Hause.

S. 108–110
Ina findet Gefallen daran, den Süden immer weiter auszubauen und sich Gedanken darüber zu machen, wie man ihren neuen Spielort noch schöner machen kann. Auf der Suche nach einem Swimmingpool stößt Ina im Internet auf ein „Hello-Kitty“-Planschbecken, einen Sonnenschirm und eine Tapete mit einem Palmenstrand vor einem Sonnenuntergang. Sie schickt Nachrichten an die Besitzer und teilt Vilmer per SMS mit, dass sie fündig geworden sei. Und auch er hat wohl einige nützliche Dinge entdeckt, wie er Ina zurückschreibt.

S. 111–114
Als Ina am nächsten Tag in die Kellerwohnung kommt, ist Vilmer schon dort und spielt auf seinem Handy. Er hat eine Strandmatte, eine Packung Adventskerzen und einen kleinen Lautsprecher mitgebracht. Außerdem hat er eine Playlist mit „Südenmusik“ erstellt. Das Highlight aber ist eine bunte Lichterkette, die die beiden sofort an der Wand befestigen und die der Wohnung beim Einschalten ein richtiges Strandbar-Feeling verleiht. Beide sind begeistert und Ina streicht Vilmer sogar über den Rücken. Aus dem Hinterhof holen die beiden anschließend schmutzigen Sand für den Strand und stellen Überlegungen hinsichtlich Anton Berntzen an. Ina googelt ihn, findet aber nichts. Über einen alten Beschwerdebrief werden die beiden auf Grete Brattberg aufmerksam, deren Namen Vilmer schon einmal auf einem Briefkasten gelesen hat. Die beiden beschließen, sie zu besuchen.

Aufgabe 1: Was man für den Süden braucht

Individuelle Lösung

Aufgabe 2: Inhaltssicherung

- **T-Shirt Vilmer:** Wie immer hat Vilmer ein unmodisches T-Shirt an. An diesem Tag ist es schlammfarben und hat die Aufschrift *Get a life* über der Brust.
- **Liste:** Um nichts zu vergessen, fertigen die beiden unter der Überschrift „Was wir im Süden brauchen" eine Liste mit Dingen an, die sie für ihr Vorhaben benötigen und die sie besorgen müssen. Außerdem schreiben sie die Bereiche auf die Liste, die es in ihrem „Süden" geben soll.
- **Leere Pizzaschachtel:** Daraus macht Vilmer ein rundes Schild für den Eingang zur Hausmeisterwohnung. Er schreibt mit roten, geschwungenen Buchstaben darauf: *Willkommen im Süden.* Aus einer anderen Pizzaschachtel macht er ein Schild für das *Paradise Spa.*
- **Kerzenständer:** Der Kerzenständer wird in der Mitte eines runden Tisches platziert, auf den Vilmer eine zerknitterte Tischdecke gelegt hat. Er bildet den Mittelpunkt des Restaurants *Sunlight Taverna.* Für ein schickes Dinner fehlt nur noch die Kerze.
- **Winkende Hand:** Am ersten Abend, an dem sie gemeinsam den Süden eingerichtet haben, winkt Vilmer Ina zur Verabschiedung zu, nachdem sie sich nochmal umgedreht und ihm nachgerufen hat.
- **Bunte Lichterkette:** Vilmer bringt sie am zweiten Tag voller Stolz in einer IKEA-Tüte mit. Sie symbolisiert den Süden wie sonst nichts anderes. Er drapiert sie um das Fenster bis zur Tür und sie leuchtet tatsächlich auch. Vor lauter Begeisterung streicht Ina Vilmer mit dem Arm über den Rücken.
- **Sand:** Die beiden holen Sand aus einem Sandkasten im Hinterhof und schütten damit einen kleinen Strand auf. Da der aber nicht besonders sauber ist, sieht das Ganze eher mickrig aus und es will sich kein rechtes Strandfeeling einstellen.
- **Briefkasten von Grete Brattberg:** Vilmer hat ihren Namen gelesen, als er sich aus Langeweile einmal die Namen auf allen Briefkästen durchgelesen hat. Die beiden beschließen, zu ihr zu gehen, um mehr über Anton Berntzen zu erfahren.

Block 6: Detektivarbeit und wunderbare Zeit im Süden (S.115–129)

SH 26–28

Überblick zum Inhalt

S. 115–119

Als Grete Brattberg an ihrer Haustüre erfährt, dass die beiden Kinder mit ihr über alte Zeiten sprechen wollen, lässt sie sie erfreut herein. Die alte Dame bietet Vilmer und Ina Waffeln an und erzählt dann vom bereits verstorbenen Anton Berntzen. Er war ein großartiger Hausmeister und außerdem ein freundlicher, kluger, sympathischer Mann, der Akkordeon gespielt hat. Leider war er in den letzten Jahren nur noch ein Schatten seiner selbst, habe in der Wohnung gesessen und gelesen. Er sei zuvor irgendwann mit der so genannten „Schönen" zusammengekommen und die beiden seien sehr verliebt gewesen. Als die junge Dame dann jedoch ein Angebot als Model in Paris bekommen hatte, habe sie ihn verlassen und der Hausmeister sei daraufhin an seinem Liebeskummer zerbrochen. Die Frage, ob er schon einmal verliebt gewesen sei, verneint Vilmer kleinlaut. Ina wird es währenddessen sehr unbehaglich zumute. Grete Brattberg gibt ihm noch den Rat, sich in Acht zu nehmen, da es lebensgefährlich sein könne, sich zu verlieben. Ina schaut Vilmer an, da sie gerne wissen würde, was in diesem Augenblick in ihm vorgeht. Er schaut sie jedoch nicht an.

S. 120–124

Die beiden machen sich auf, um im Stadtteil Solvangtoppen das Planschbecken abzuholen. Ina wünscht sich währenddessen, dass Vilmer beeindruckt von ihren Organisationskünsten ist. Als sie die dort organisierte Tapete mit einem Sonnenuntergang auf dem Gehweg ausrollen, streift er sogar ihren Arm, was Ina als sehr angenehm empfindet. Schließlich machen sie sich unter einem ebenfalls ergatterten roten Sonnenschirm auf den Heimweg, als sie plötzlich ein Gewitter überrascht. Die beiden kauern sich gemeinsam unter den Schirm. Weil Ina Angst hat, legt Vilmer seine Hand auf ihre, woraufhin sie rot wird. Als das Gewitter vorbei ist, gehen sie beide nach Hause in den Süden und verbringen den Rest des Tages damit, ihre neuen Errungenschaften vor Ort zu installieren. Nachdem alles fertig ist und toll aussieht, beschließen sie, von nun an ihr neues Zuhause, den „Süden", in vollen Zügen zu genießen.

S. 125–129

Im Laufe der Zeit entwickeln die beiden eine ganz bestimmte Süden-Routine, bestehend aus Pool-Baden, Cola an der Poolbar trinken, in der *Sunlight Taverna* essen (Pizza, Würstchen oder *Club Sandwich* aus einfachem Brot) und entspannende Behandlungen im *Paradise Spa*, was Vilmer besonders gut kann. Beide genießen die gemeinsame Zeit sehr und finden es schön. Vilmer lässt dabei durchblicken, dass er nicht gerne zu Hause ist, da sein Vater wohl oft betrunken sei. Am Abend vor dem Schlafengehen schicken sich die beiden jeweils von ihren gegenüberliegenden Fenstern aus Gute-Nacht-Zeichen und Ina muss vor dem Einschlafen oft an ihren Südenfreund denken. Ab und zu träumt sich auch von ihm und dabei hat er immer ein rotes Shirt an (wie ihr Schwarm Markus), was in echt noch nie der Fall war. Ina wird aber schmerzlich bewusst, dass sie sich zu Beginn eigentlich nur aus purer Langeweile mit Vilmer abgegeben hat und dass eine Fortsetzung dieser Freundschaft nach den Ferien von ihr eigentlich nicht geplant war bzw. ist. Die beiden vereinbaren, dass alles, was im Süden passiert, auch im Süden bleibt, was eine Art Pakt darstellt. Ina erzählt Vilmer von ihrer familiären Situation und vertraut ihm auch sonst viele Dinge an, darunter ihre Lügerei, die Geldsorgen ihrer Mutter oder dass sie keine Freunde hat. Vilmer hört geduldig zu und erzählt dann von sich. Sein Vater ist dem Alkohol sehr zugetan, seine Mutter ist ausgezogen und hat ein Kind mit einem anderen Mann. Ina fühlt sich Vilmer sehr nahe und möchte am liebsten für immer hier in ihrem Süden bleiben. Sie überlegt, ob Vilmer mittlerweile vielleicht sogar mehr als nur ein bester Freund für sie geworden ist.

Aufgabe 1: Inhaltssicherung

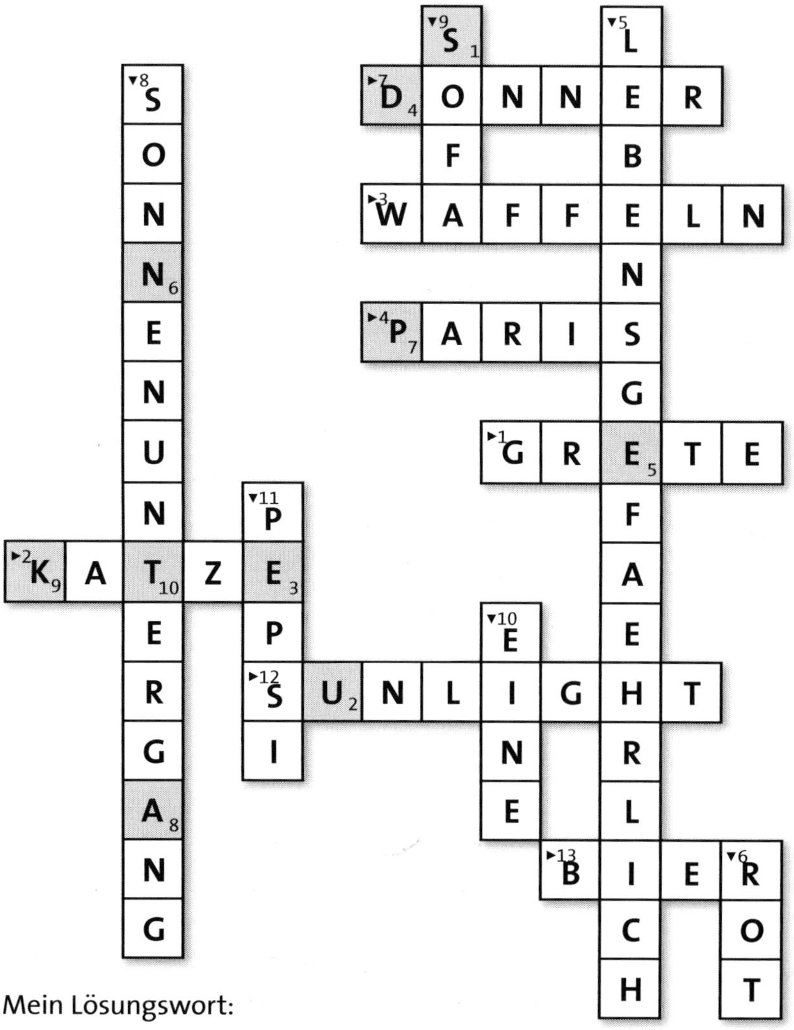

1. Vorname von Frau Brattberg.
2. Haustier von Frau Brattberg (Tierart, nicht Name!)
3. Essen, das Frau Brattberg Ina und Vilmer serviert.
4. Stadt, in die „die Schöne" gezogen ist.
5. „Sich zu verlieben kann … sein."
6. Farbe des Sonnenschirms.
7. Hören Ina und Vilmer, bevor es zu regnen anfängt.
8. Bild, das auf der Tapete zu sehen ist.
9. Möbelstück, auf dem Ina und Vilmer gerne sitzen.
10. Anzahl von Personen, die in den Pool passen.
11. Getränk von der Poolbar.
12. Name für die Küche im Süden: … *Taverna*.
13. Vilmers Vater trinkt davon zu viel.

Mein Lösungswort:

S 1	U 2	E 3	D 4	E 5	N 6	P 7	A 8	K 9	T 10

Aufgabe 2: Die Geschichte des Hausmeisters

Obwohl sich das Image des Comics oder der Graphic Novel mittlerweile stark gebessert hat und es Vertreter der Gattung immer wieder in den Feuilletonteil schaffen und als „echte Literatur" gelten, fristet der Comic im Deutschunterricht nach wie vor eher ein Schattendasein. In der vorliegenden Aufgabe soll der Aufbau des Comics näher betrachtet werden, vor allem aber geht es darum, sich mit den Eigenheiten und Vorteilen des Mediums Comic auseinanderzusetzen. Inhalte werden im Comic aufgrund der Darstellung meist stark komprimiert und zugespitzt, haben aber den Vorteil, dass sie durch die Bildebene oft mehr vermitteln können, als ein bloßer Text es kann.

Wenn die Schüler in dieser Aufgabe die tragische Geschichte des Hausmeisters in einem kurzen Comic umsetzen sollen, müssen sie die angesprochene Verkürzung und Zuspitzung selbst leisten. Die Handlung muss dem Text entnommen und anschließend geordnet und strukturiert werden. Welchen Fokus die Kinder dabei wählen, ob ihr Comic eher ernst und traurig, oder vielleicht mit etwas Humor angereichert ist, entscheiden sie selbst. Wichtig ist, dass der Kern der Geschichte vom Text erfolgreich in die neue Form transferiert wird.

Alternativ zum klassischen Comiczeichnen per Hand gibt es auch zahllose Tools im Internet, mit deren Hilfe man Comics schnell und einfach am Computer erstellen kann. Kostenlos nutzbar und einfach zu bedienen ist beispielsweise der Editor auf makebeliefscomix.[1]

1 https://makebeliefscomix.com

Block 7: Romantik und Schmetterlinge im Bauch (S. 130–151)

SH 29–37

Überblick zum Inhalt

S. 130–135

Die Tage vergehen und Ina freut sich jeden Tag, „in den Süden" zu kommen und Vilmer zu treffen. Diesem ist es gelungen, die Schublade des alten Schreibtischs aufzubrechen. Dort finden die beiden einen fragmentarischen und nie abgeschickten Liebesbrief des Hausmeisters an eine Frida. Außerdem finden sie ein Buch voller selbstgeschriebener Gedichte („ziemlich peinlich"), die sich meist um Frida drehen, und ein Foto von ihr. Frida ist sehr hübsch. Ina und Vilmer fantasieren etwas über deren Beziehung und googeln erfolglos nach Frida. Die beiden beschließen, am nächsten Tag zusammen im Keller, ihrem Bungalow, zu übernachten.

S. 136–139

Am nächsten Morgen merkt Ina, dass sie sich verliebt hat. Trotzdem muss sie mit Zweifeln kämpfen, weil Vilmer so anders ist und nicht den „Konventionen" entspricht. Beim Frühstück mit ihrer Mutter freut sich diese, wie toll sich Ina doch alleine beschäftigen könne. Außerdem erzählt sie ihrer Tochter auffallend gut gelaunt und schick gekleidet, dass sie am Abend zu einer Frau eingeladen sei und es spät werden könne. Ina nutzt diese Chance, und holt sich von ihrer Mutter das Okay, bei ihrer Freundin Maria übernachten zu können.

S. 140–145

Vom Geld ihrer Mutter kauft Ina Süßigkeiten und Knabberzeug. Auf dem Weg zum „Bungalow" freut sie sich mehr als je zuvor und nimmt das sonst so hässliche „Güllebakken" plötzlich verändert und viel schöner als sonst wahr. Ina und Vilmer essen zusammen auf dem roten Sofa. In einer Nachricht an Ina fragt Mathilde, ob sie denn immer noch im Süden sei. Als Mathilde dann ein Bild von Ina fordert, hat Vilmer eine Idee und schießt ein Foto von ihr im Badeanzug vor ihrer selbstgebastelten Strandkulisse. Ina verschickt zwei Fotos und schaltet ihr Handy danach aus.

S. 146–151

Ina und Vilmer genießen die Zweisamkeit und sind erstaunt, wie schnell die Ferien diesmal verfliegen. Gegen Abend tanzen sie eng umschlungen zu ruhiger Musik, was Ina sehr genießt. Als es Schlafenszeit wird und die beiden auf dem Sofa unter einer Decke liegen, gesteht Vilmer Ina nach einigen Fragen von ihr, dass er verliebt sei. Die Beiden küssen sich. Bevor Ina glücklich einschläft, lässt sie den Tag Revue passieren. Sie macht sich Gedanken, wie es wohl nach den Ferien weitergehen mag.

Aufgabe 1: Inhaltssicherung

- Ina und Vilmer finden in der Schreibtischschublade einen alten Liebesbrief des Hausmeisters an eine Frau namens Frida und ein Buch voller Gedichte.
- Ina googelt nach der Frau, kann aber nichts Hilfreiches finden.
- ~~In der Zeitung erfährt sie aber durch Zufall, dass die gesuchte Frau ganz in der Nähe arbeitet und einen Friseursalon besitzt~~.
- Am nächsten Tag wollen beide zusammen in der Kellerwohnung übernachten.
- Zu Hause merkt Ina, dass sie sich in Vilmer verliebt hat und isst mit ihrer Mutter Pizza.

- Ina erzählt ihrer Mutter, dass sie bei ihrer Freundin Maria übernachten möchte.
- Mathilde fragt in einer Nachricht, ob Ina nicht als Beweis ein Foto von sich machen kann.
- Dafür zieht sie ihren Badeanzug an und stellt sich vor die Tapete mit dem Sonnenuntergang.
- Ina und Vilmer tanzen zusammen zu langsamer Musik und kommen sich näher.
- ~~Im Anschluss holen sie sich in der Eisdiele zwei riesige Eisbecher mit ganz viel Schokosoße~~.
- Bevor die beiden einschlafen, küssen sie sich.

Aufgabe 2: Inas Zählereien

Ihre bisherige Routine, um sich die Zeit zu vertreiben, nämlich das fast schon zwanghafte Zählen und Berechnen von bestimmten Zeiteinheiten, braucht Ina nun nicht mehr. Hat sie in dieser Tätigkeit bisher immer noch einen gewissen Halt gesucht, so ist sie aufgrund ihrer neuen Beschäftigung und der Nähe zu Vilmer so glücklich, dass diese Art der Ablenkung für sie schlichtweg nicht mehr interessant ist. Gerade das relativ starre Konzept, das mit Zahlen und Mathematik verbunden ist, weicht nun auch einer gewissen Lockerheit.

Aufgabe 3: Schlechte Liebesgedichte

a) Merkmale eines Gedichts:
- vergleichsweise kurz (und inhaltlich stark verdichtet)
- Gefühle und Gedanken spielen oft eine große Rolle
- häufig Lyrisches Ich (allerdings in der Unterstufe meist noch nicht so benannt)
- äußere Form: häufig Unterteilung in Strophen und Verse
- Verse sind oft rhythmisch und/oder reimen sich
- häufige Verwendung rhetorischer Stilmittel (Alliteration, Vergleich, Personifikation, Symbole, Metaphern, usw.)
- Wortwahl und Satzbau müssen nicht der Norm entsprechen – Gedichte als sprachliche Kunstwerk

b) Bei dieser Aufgabe ist es ratsam, je nach Klassenstufe und Lernstand der Kinder ausreichend Hilfestellung zu geben.

Aufgabe 4: Ein Brief an Maria

Individuelle Lösung

Aufgabe 5: Die Entwicklung von Inas Mama

a) und b)

Seiten im Buch	**Beschreibung von Aussehen, Verhalten und Stimmung:**	**Stimmung von Inas Mama auf einer Skala von 1 bis 10**
S. 48–50	· trägt schmutzigen Jogginganzug · müde, ermattet, erschöpft vom Kurs · war nicht einkaufen · kocht nicht für Ina · wenig Interesse an Ina	2

S. 64–66	• schmutziger Jogginganzug • isst mit Ina zusammen • ist interessiert an Ina, unterhält sich • sie lächelt und grinst	3-4
S. 90 unten bis S. 92	• normale Kleidung • frisch gekämmt • gut gelaunt, fröhlich • macht Ina Frühstück • (trotzdem „dauernd niedergeschlagen", S. 92)	6
S. 137 Mitte bis S. 139	• isst mit Ina zusammen • hübsch gedeckter Tisch • ist zu Janne eingeladen und freut sich darauf • aufgeregt, glücklich, strahlend • schicke Kleider • sehr nett zu Ina	8

c) Im Gegensatz zum Beginn des Romanhandlung scheint Inas Mutter ihr depressives Tief überwunden zu haben. Jedes Mal, wenn wir wieder von Inas Mutter erfahren, geht es ihr wieder ein bisschen besser. Die Entwicklung ist in jedem Fall eine positive.

d) Als möglicher Grund könnte der Kurs aufgeführt werden, an dem Inas Mutter teilnimmt. Denkbar ist außerdem, dass sich Inas Mutter verliebt hat und deshalb so aufgeregt ist, was sie nicht vor Ina verbergen kann. Neben diesen aus dem Buch ersichtlichen Gründen könnte es natürlich auch sein, dass Inas Mutter in Behandlung ist und wir darüber einfach nichts erfahren.

➲ Aufgabe 6: Love und Heart und Pain

a) **Titel:** Love hurts
Interpret/Sänger: Nazareth

b) Individuelle Lösung

c) Genau wie in der Warnung von Grete wird im Lied thematisiert, dass Liebe verletzen und verwunden kann und Schmerz immer auch ein Aspekt von Liebe ist. Zweimal im Roman wird also vor den Gefahren und Folgen von Liebe gewarnt: Einmal sehr deutlich durch die Mahnung von Grete, einmal eher subtil durch das Andeuten des Liedes, zu dem Ina und Vilmer tanzen.

d) Individuelle Lösungen

➲ Aufgabe 7: Südenmusik

Individuelle Lösung

➲ Aufgabe 8: Das Südenfoto

Individuelle Lösung

Aufgabe 9: Ein Eintrag ins Freundebuch

- Mein Name ist: Ina
- Ein Bild von mir: („Süden"-freund)
- Hier wohne ich:
  Trostevejen 30, Aufgang A, Tyllebakken Bauverein
- Zusammen mit: Mama
- Ich bin 11,5 (S. 197)/12 (S. 185) Jahre alt.
- Darin bin ich nicht so gut:
  ehrlich sein/zu jemandem stehen
- Darin bin ich richtig gut:
  Sachen organisieren/so tun, als ob nichts wäre/
  Sachen ausrechnen
- Das hasse ich: Rätsel (S. 150)
- Meine Lieblingsfarbe: blau (S. 5) oder rot
- Mein Lieblingsessen: Pizza
- Der beste Song: Love Hurts von Nazareth
- Du bist mein Freund, weil ... Individuelle Lösung
- Mein Lieblingsurlaubsziel ist: der Süden
- Was ich mit dir zusammen noch erleben möchte: Individuelle Lösung
- Wovon ich nie genug bekommen kann: Individuelle Lösung
- Das wünsche ich dir von ganzem Herzen: Individuelle Lösung

Entweder/Oder

~~Schule~~	Ferien
~~Nudeln~~	Pizza
~~Deutsch~~	Mathe
~~Eistee~~	Cola
Sommer	~~Winter~~

SH 38–43

Block 8: Alles fliegt auf: Verrat und Leiden (S.152–185)

Überblick zum Inhalt

S. 152–157

Am nächsten Morgen erkennt Ina, als sie ihr Handy einschaltet, dass sie zwölf Anrufe von Mathilde versäumt hat. Außerdem hat sie sieben neue Nachrichten von ihr. Mathilde und ihre Freundinnen seien auf dem Weg zu ihr nach Hause, und sie wisse, dass Ina lüge und nicht im Süden sei. Ina ist entsetzt und starr vor Schreck. Auf einen Schlag fühlt sie sich wie „die alte Ina". Alle Ängste sind zurück. Ina liest die Nachrichten nach und nach weiter. Mathilde möchte Inas Mutter über sämtliche Lügen informieren, weshalb sie sich auf den Weg zu ihr gemacht hätten. Als Vilmer mit dem Frühstück im Zimmer auftaucht, sieht Ina in ihm schlagartig wieder „den alten Vilmer" mit all seinen negativen Eigenschaften und stellt alles, was in den letzten Wochen passiert ist, in Frage. Sie schreit ihn an, dass sie nicht mehr mit ihm spielen könne und das alles bescheuert und kindisch sei. Ina rennt aus dem Bungalow und versucht vergeblich, Mathilde ans Telefon zu kriegen.

S. 158–161

Wenige Minuten später trifft Ina Mathilde und Regine an der Straße. Mathilde erklärt Ina wütend, dass ihre Lügen aufgeflogen seien, als sie gestern ihr Geburtstagsgeschenk bei Inas Mutter abholen wollte. Die Mädchen wollen von Ina die Wahrheit erfahren und wissen, wo sie denn nun gewesen sei. Ina erzählt von der alten Hausmeisterwohnung und dem „Süden" und erklärt, dass das alles Vilmers Idee gewesen sei und sie nur mitgemacht hätte, weil sie nichts Besseres zu tun hatte. Die Mädchen wollen den „Süden" als Beweis selbst sehen.

S. 162–168
Ina führt Mathilde und Regine in den „Süden“. Die beiden Mädchen machen sich über die „asoziale“ Wohngegend und den Bungalow mit all der Urlaubsdekoration lustig und werden nicht müde, abwertende und gemeine Sprüche über Vilmer zu verlieren. Um vor den Klassenkameradinnen nicht das Gesicht zu verlieren, geht Ina – entgegen ihrem Gefühl und ihrem Gewissen – darauf ein und macht sogar mit. Ihre eigene Beteiligung an der Verwandlung ins „Südenparadies“ spielt sie herunter. Um die Mädchen zu beeindrucken, fängt Ina schließlich an, selbst aktiv über Vilmer und dessen Vater zu lästern und ihn in ein schlechtes Licht zu rücken. Die Mädchen lachen über den „Loser“, wie sie ihn nennen, und haben großen Gefallen an Inas Boshaftigkeiten. Ina schmerzen die eigenen Worte. Sie muss letztlich versprechen, fortan die Wahrheit zu erzählen, auch ihrer Mutter. Als sie aus der Küche ein Geräusch hört und nachsieht, findet sie den am Boden zusammengekauerten Vilmer vor und ihr wird klar, dass er jedes einzelne Wort gehört hat.

S. 169–175
Ina rennt aus der Kellerwohnung und erzählt den Klassenkameradinnen nichts von ihrer Entdeckung. Sie versucht, den aufkommenden Schmerz zu unterdrücken. Auf dem Weg zu ihrer Wohnung wird Ina wieder die ganze Trostlosigkeit und Hässlichkeit der Wohnanlage bewusst. Zu Hause angekommen, öffnet Inas Mutter den Mädchen die Tür ungepflegt und im Schlabberlook. Während Ina mit Mathilde und Regine die Wohnung betritt, muss sie an Vilmer denken. Schließlich gesteht sie ihrer Mutter, dass sie sich die Freundin Maria nur ausgedacht habe und erzählt ihr vom „Süden“. Sie beginnt zu weinen, während Mathilde und Regine die Geschichte von Vilmer erzählen, der Ina überredet habe, bei dieser Sache mitzumachen. Als Inas Mutter ihre Tochter fragt, ob der Junge denn nett sei, bejaht Ina dies schluchzend. Bevor die Mädchen gehen, gesteht Ina noch, dass sie nie ein Geburtstagsgeschenk für Mathilde hatte und auch das gelogen war.

S. 176–180
In einem längeren Gespräch mit ihrer Mutter offenbart Ina, wie sehr sie unter ihrer Armut leidet und wie schwierig es für sie ist, zu sehen, dass die anderen Kinder aus der Klasse keine Geldsorgen haben. Als sie ihre Mutter „in den Süden“ führt, findet sie den Ort von Vilmer verwüstet vor. Ihr schlechtes Gewissen und der Schmerz werden unerträglich. Inas Mutter wird schlagartig bewusst, wie viel sie nicht über ihre Tochter wusste und sie fragt sich, ob sie als Mutter versagt habe. Auf dem Schreibtisch findet Ina den Ring des Hausmeisters und steckt ihn an. Mit dem Ring und dem Gedichtband verlässt sie die Kellerwohnung, während sie nur Schmerz empfindet.

S. 181–185
Ina meldet sich nicht bei Vilmer. Am Fenster ist er nicht zu sehen. Sie wird sich der Tatsache bewusst, was sie angerichtet hat und wie groß und irreparabel der Vertrauensbruch gegenüber Vilmer ist. Ina fällt zurück in alte Muster und beginnt wieder, die verbleibenden Ferientage zu zählen. Sie träumt von Vilmer, verliert sich im Lesen des Gedichtbandes und weint. Das Gedicht mit dem Titel „Verzeih mir“ schreibt sie ab und hängt es sich übers Bett. Ihre Tage verbringt Ina bei ihrer Oma, weil sie, wie sie selbst sagt, keine Freunde habe. Inas Mutter kümmert sich um sie, und sie wirkt vitaler und lebenslustiger denn je. Inas Oma kommt zu Besuch und das von der Mutter so lange herbeigesehnte Garnelenessen findet endlich statt. Als Ina dann in ihrem Zimmer ist und zwischen ihrer Mutter und ihrer Oma das Thema Freunde aufkommt, hört sie, wie ihre Mutter davon spricht, „etwas zu deichseln“.

Aufgabe 1: Inhaltssicherung

1. Wie reagiert Ina auf die verpassten Anrufe und Nachrichten von Mathilde?
   Inas Magen krampft sich zusammen, sie wird panisch und kann es nicht fassen.
2. Wie reagiert Ina, als Vilmer das Frühstück serviert?
   Sie sagt ihm, dass sie nicht mehr mit ihm spielen kann und das alles bescheuert und megakindisch ist.
3. Was antwortet Ina, als sie von Mathilde und Regine gefragt wird, wo sie eigentlich war?
   Ina antwortet, dass sie irgendwie schon im Süden war.
4. Wie versucht Ina, aus der Sache herauszukommen?
   Sie schiebt alles auf Vilmer und versucht, die Freundschaft zu ihm kleinzureden.
5. Was fühlt Ina, als sie über Vilmer lästert?
   Sie fühlt ein Stechen in ihrer Brust.
6. Wo war Vilmer, als Ina den Mädchen die Kellerwohnung zeigt?
   Er saß die ganze Zeit in der Küche nebenan und hat alles mit angehört.
7. Was passiert, als Ina mit den Mädchen bei ihrer Mutter ist?
   Sie erklärt, dass es Maria gar nicht gibt und sie jeden Tag mit Vilmer verbracht hat.
8. Wie sieht die alte Kellerwohnung aus, als Ina und ihre Mutter dort auftauchen?
   Alles ist verwüstet und kaputt gemacht.
9. Was gibt es zu essen, als Inas Oma zu Besuch ist?
   Es gibt Garnelen.

Aufgabe 2: Innenwelt und Außenwelt

a)

Wahrnehmung der Außenwelt	Wie fühlt sich Ina? (Innenwelt)
• alles ist grau, nass und hässlich • überall liegt Müll • verhangene Fenster • Risse in den Wänden • es stinkt • Müll im Treppenhaus, flackernde Lampe • streitende und brüllende Menschen	• traurig • schockiert • verzweifelt • ohnmächtig • niedergeschlagen • beschämt • hilflos, schuldbewusst, unglücklich, angeekelt von sich selbst, ...

b)

Wahrnehmung der Außenwelt	Wie fühlt sich Ina? (Innenwelt)
• die Sonne scheint • Geruch von Asphalt und Grillwürstchen • lachende und fröhliche Menschen • es ist „richtig nett“ • alles ist auf einmal schön	• glücklich • fröhlich • sorgenfrei • verblüfft von sich selbst • verliebt?

c) An den beiden Stellen lässt sich wunderbar aufzeigen, wie sehr die innere Einstellung unsere Wahrnehmung der Außenwelt bestimmt. Als Ina glücklich und zufrieden ist, nimmt sie auch ihre Umwelt entsprechend positiv wahr. Das Gegenteil ist der Fall, als Ina niedergeschlagen und verzweifelt auf dem Weg nach Hause ist. Inas Inneres findet seine Entsprechung in der Außenwelt. (Eine weitere offensichtliche Analogie von Innen- und Außenwelt findet man auf Seite 205. Siehe dazu auch Aufgabe 3 in Block 10.)

d) Individuelle Lösungen

e) Mögliche Lösung: Die Innenwelt, also die eigenen Gefühle und die eigene Stimmung, können die Wahrnehmung der Außenwelt beeinflussen oder sogar bestimmen.

Aufgabe 3: Was in Vilmer vorgeht

Individuelle Lösung

Aufgabe 4: Der Verrat

Da diese Aufgabe recht anspruchsvoll ist, ist es schwierig, hier eine ganz bestimmte Lösung anzugeben. Die Antworten sollten aber folgende Aspekte berücksichtigen:

a) Ina beantwortet die Frage auf S. 163 eigentlich schon selbst. Sie ist plötzlich wieder die „alte Ina“, die „unsicher“ und „ängstlich“ ist. Damit einhergehend kommen auch ihre ganzen Minderwertigkeitsgefühle wieder zum Vorschein. Da sie um jeden Preis „dazugehören“ möchte, wirft sie nur mit einem Mal alles über Bord, was sie im Laufe der letzten Wochen erfahren durfte – etwa, wie es sich anfühlt, einen wahren Freund zu haben oder dass ein anderer sich ernsthaft für einen interessiert.

b) Da sich Ina nun plötzlich entschieden hat, sich auf die Gegenseite zu schlagen, muss sie nun auch komplett mit den Interessen der Gegenseite konform gehen, um glaubwürdig zu versichern, dass sie auf deren Seite ist. Das Interesse der Gegenseite ist in diesem Fall das komplette Lächerlichmachen von Vilmer und ihrer gemeinsamen Aktion. Es bleibt Ina also nichts anderes übrig, als alle Punkte, die von den beiden Mädchen angesprochen werden, zu bejahen, ja sogar noch zu verstärken.

c) Hier können wir einen Blick in den Infokasten auf der entsprechenden Seite im Schülerarbeitsheft werfen. Durch die massive Abwertung einer anderen Person findet gleichzeitig die Aufwertung der eigenen Person statt. Mathilde fühlt sich überlegen, indem sie Vilmers Verhalten und seine Person abwertet.
Es ist sicherlich auch nicht zu hoch gegriffen, wenn man sagt, dass Mathilde und Regine neben ihrer Ablehnung und ihrer Verachtung unterbewusst auch ein Stück weit neidisch auf das Projekt sind und es deshalb diskreditieren müssen.

d) Im Laufe ihrer Ausführungen steigert sich Ina immer mehr in den Verrat hinein und findet immer drastischere Worte für das, was passiert ist. Sie fühlt sich dadurch quasi wie auf einer Bühne und macht für Mathilde und Regine „den Komiker“ bzw. Unterhalter, der ihnen auf Verlangen immer mehr „Stoff“ gibt. Dass ihr dies bereits in der Situation bewusst ist, spricht allerdings sehr für Ina und zeigt, dass sie bereits in diesem Moment verstanden hat, was hier passiert ist und es bereut.

Aufgabe 5: Inas Mama sieht klar

Individuelle Lösung, aber mögliche Punkte wären:

Das spricht dafür:
Inas Mama ...
- weiß nicht so recht, was in Ina vorgeht.
- ist mit sich selbst beschäftigt.
- kümmert sich wenig/kaum um Ina.
- macht nichts im Haushalt.
- braucht laut Ina einen „Kurs im Muttersein".
- ist zufrieden, wenn sie Ina einigermaßen versorgt weiß, ohne genauer nachzuhaken.
- ist kein Vorbild für Ina.

Das spricht dagegen:
Inas Mama ...
- **ist wahrscheinlich krank (Depression) und kann deshalb nicht anders (entscheidender Punkt!).**
- erkennt letztlich, dass sie falsch gehandelt hat.
- versteht, was ihr Verhalten angerichtet hat.
- bemüht sich trotzdem um Ina.
- ändert ihr Verhalten ab dem Zeitpunkt.

Ergebnis: Ich halte Inas Mama nicht/schon (entsprechend durchstreichen) für die schlechteste Mama der Welt, weil ...
Individueller Abwägungsprozess mit entsprechender Lösung

Bei dieser Aufgabe ist es wichtig, den Schülern begreiflich zu machen, dass Inas Mama ihr Kind über alles liebt und nicht absichtlich so handelt. Aufgrund ihrer Krankheit ist es ihr aber nicht möglich, sich so um Ina zu kümmern, wie es eigentlich notwendig und richtig wäre.

Aufgabe 6: Lust auf Garnelen

Für Inas Mama sind Garnelen das Symbol für eine Schicht, der sie sich gerne zugehörig fühlen würde, nämlich Leute, die so wohlhabend sind, dass sie sich Garnelen leisten können. Außerdem symbolisieren Garnelen in den Augen von Inas Mama den Sommer und somit eine gewisse Leichtigkeit und Sorglosigkeit. Nach alldem sehnt sich Inas Mama. Es geht also nicht um die Garnelen selbst, sondern um das Lebensgefühl, das mit ihnen verbunden ist. Auf diese Art und Weise funktioniert auch Werbung.

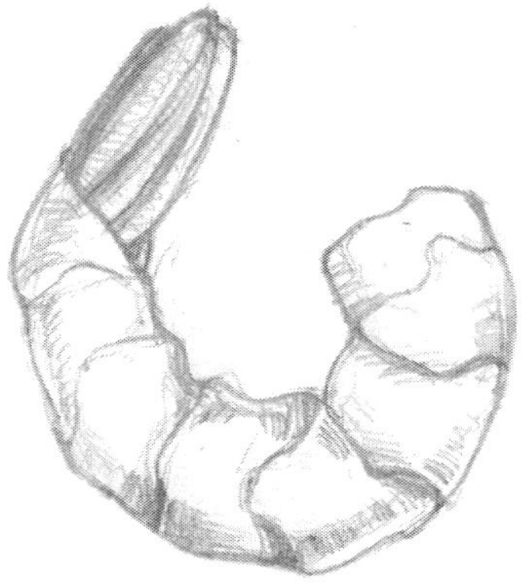

Block 9: Wahre und falsche Freunde (S. 186–193)

SH 44–46

Überblick zum Inhalt

S. 186–188

Am nächsten Tag wird Ina von Mathilde per Textnachricht eingeladen, mit zum See zum Baden zu kommen. Ihre Freude darüber hält sich in Grenzen, trotzdem sagt sie zu.

S. 189–193

Als Ina mit Mathilde und Regine am See sitzt, kommt auch Markus dazu und setzt sich neben Ina. Als Markus das Gespräch auf Vilmer und den „Süden" lenken möchte, geht Ina nicht darauf ein. Mathilde will wissen, ob Ina denn nun mit Vilmer befreundet sei oder nicht. Ina schüttelt den Kopf, während sie innerlich mit den Schmerzen kämpft. Schließlich kommt raus, dass Inas Mutter die beiden Mädchen gebeten hat, etwas mit ihr zu unternehmen. Ina wird bewusst, dass sie nur deshalb eingeladen wurde. Als Markus noch einmal über Vilmer, den „Loser", sprechen möchte, verneint Ina lautstark, packt ihre Sachen und verlässt die Gruppe am See.

➲ Aufgabe 1: Inhaltssicherung

Ina wird von Mathilde per Textnachricht eingeladen,	... etwas mit Ina zu unternehmen.
Als Markus das Gespräch auf Vilmer und den Süden lenken möchte,	... die ihr den vollen Namen der „Schönen", der Verlobten des Hausmeisters, zuruft.
Schließlich kommt heraus, dass Inas Mutter die beiden gebeten hat,	... übergibt Ina ihr den Brief.
Auf dem Heimweg begegnet Ina Grete Brattberg,	... dass sie sich von den Worten ihrer Eltern zu sehr beeinflussen habe lassen und dass sie dies bis heute bereut.
Bei Frida Fuglesang im Altersheim angekommen,	... mit zum See zum Baden zu kommen.
Frida erzählt,	... wie sie dies bis zum Schulanfang umsetzen kann.
Dass Vilmer etwas Besonderes für Ina ist und dass sie sich in ihn verliebt hat,	... „Entschuldigung zu tun".
Frida gibt ihr den Rat,	... erkennt Frida sofort.
Während des gesamten Heimwegs denkt Ina an Vilmer und überlegt,	geht Ina nicht darauf ein.

Falsch sind:
... welches Geschenk sie für ihn kaufen soll.
... „Entschuldigung zu sagen".
... bei ihr zu Hause zu übernachten.

Aufgabe 2: Was macht eine Freundschaft aus?

a) Folgende Punkte könnten an dieser Stelle genannt werden:
- genau zuhören/ein offenes Ohr für Probleme haben
- immer füreinander da sein
- Geheimnisse des anderen für sich behalten
- sich nicht von Oberflächlichkeiten leiten lassen
- respektvoll und nett mit dem anderen reden
- Verständnis für die Situation des anderen haben/sich in den anderen einfühlen können
- sich überlegen, worüber der andere sich freuen würde
- sich gegenseitig unterstützen und helfen
- den anderen so akzeptieren, wie er ist
- einander voll vertrauen können
- ...

b) Individuelle Lösung

c) Individuelle Lösung

d) Individuelle Lösung

Aufgabe 3: Ist Vilmer „Freundschaftsmaterial"?

a) Individuelle Lösung

b) Die beiden Begriffe passen eigentlich nicht zusammen, da der eine ein Konkretum und der andere ein Abstraktum ist. Freundschaft ist nicht gegenständlich. Man kann Freundschaft weder anfassen noch berühren. Material hingegen ist berührbar und gegenständlich. Etwas nicht Gegenständliches wie „Freundschaft" kann nicht gleichzeitig etwas Gegenständliches wie eben „Material" sein.

c) Das Wort „Freundschaftsmaterial" wirkt im Gegensatz zum ursprünglichen Wort „Freundschaft" deutlich abgewertet, da einer konkreten Sache wie „Material" die Eigenschaften von „Freundschaft" zugeordnet werden.

„Freundschaftsmaterial" kann man mit „Material, aus dem eine Freundschaft gemacht wird oder ist" paraphrasieren. Hier wird deutlich, dass der Schwerpunkt nun auf dem Konkreten, dem Gegenständlichen, dem Objekt, liegt, was dem vorangestellten Wort Freundschaft die „Unbeschwertheit" nimmt und ihm außerdem Merkmale und Eigenschaften des Wortes „Material" hinzufügt. „Freundschaft" wird plötzlich greifbar und oberflächlicher. Es scheint, als wäre das Finden neuer Freunde ähnlich einfach wie das Sammeln von Materialien. Ganz anders als es das Wort „Material" nahelegt, sind echte Freunde eben nicht so leicht zu finden („abzugreifen") oder sogar zu ersetzen, wie es bei Materialien der Fall ist.

Betrachtet man die genaue Bedeutung des Wortes „Material", kann man sogar noch weiter gehen: Material wird als Sammelbegriff für Rohstoffe, Teile, usw. verwendet, die zur Herstellung von etwas benötigt werden (wie z. B. im Wort „Baumaterial"). Das Wort „Freundschaftsmaterial" impliziert, dass man sich das „Material", aus dem Freundschaften gemacht sind, aussuchen kann. Passendes („gutes") Material kommt für eine Freundschaft in Frage, weniger passendes (oder eben „fehlerbehaftetes“, „nicht vorzeigbares“) und nicht den Idealvorstellungen bzw. den sozialen Normen entsprechendes dann eben nicht. Deutlich wird, dass sämtliche Aspekte, die eine echte Freundschaft ausmachen (siehe dazu die Lösungen der vorherigen Aufgabe), hierbei verloren gehen.

d) Da Ina dieses Wort zu Beginn des Buches im Kopf hat, unterstreicht dies, dass sie Vilmer nicht als Freund, sondern als „Material“ sieht, das mit bestimmten Eigenschaften versehen ist (siehe oben, Aufgabe c). Dies ist eine Auffassung von Freundschaft, die äußerst zweifelhaft ist, denn Vilmer wird somit quasi „entmenschlicht“.

e) Nein, Vilmer ist für Ina kein „Freundschaftsmaterial“, sondern ein echter Freund, oder sogar noch mehr.

Block 10: Ina tut Entschuldigung (S. 194–229)

SH 47–51

Überblick zum Inhalt

S. 194–195
Als Ina auf dem Heimweg ist, begegnet sie Grete Brattberg, die ihr den vollen Namen der „Schönen“, der Verlobten des Hausmeisters, zuruft: „Fuglesang!“ Außerdem steckt sie Ina einen Zettel zu, auf dem geschrieben steht, dass Frida in einem Seniorenheim in der Nähe zu finden ist.

S. 196–205
Mit dem Fahrrad macht sie sich auf den Weg und lässt sich vom Personal zu Frida führen. Am Bett von Frida angekommen, bringt Ina das Gespräch auf Anton Berntzen, den Hausmeister, und gibt ihr den alten Brief, den sie in der Wohnung gefunden hatten. Frida ist sichtlich ergriffen und freut sich über den Inhalt des Briefs. Als Ina Frida erklärt, woher sie den Brief hat, kommt sie auf Vilmer zu sprechen und erzählt ihr die ganze Geschichte von ihr, Vilmer und dem „Südenparadies“. Frida erklärt, dass sie mit Anton nie zusammenkam, weil ihre gut situierten Eltern ihn nicht für gut genug gehalten hätten. Sie habe sich schließlich von den Worten der Eltern derart beeinflussen lassen, dass sie das selbst ebenfalls geglaubt habe. Ina gibt Frida den gefundenen Ring und zeigt ihr Fotos von sich und Vilmer im „Süden“. Dass Vilmer etwas Besonderes für Ina ist und dass sie sich in ihn verliebt hat, erkennt Frida sofort. So erzählt Ina schließlich auch von ihm und ihrem Verrat an ihm. Frida gibt ihr den Rat, „Entschuldigung zu tun“. Sie selbst habe dies bei Anton verpasst, so dass dieser vielleicht bis zu seinem Lebensende nicht mehr glücklich werden konnte. Bevor Ina sich verabschiedet, bekräftigt Frida noch einmal, dass Ina handeln müsse, bevor es zu spät sei. Während des ganzen Heimwegs denkt Ina an Vilmer und überlegt, wie sie dies alles bis zum Schulanfang umsetzen kann.

S. 206–208
Ina stellt eine Liste mit Ideen fürs „Entschuldigung tun“ auf und begibt sich in die ehemalige Hausmeisterwohnung, um dort aufzuräumen und den „Süden“ wieder herzustellen. Über die Eingangstür hängt sie erneut ein Willkommensschild und ergänzt es mit „Vilmers und Inas Paradies“.

S. 209–211
Am Abend nimmt Ina all ihren Mut zusammen und klingelt bei Vilmer. Niemand öffnet. Als Ina schon fast das Haus verlassen hat, hört sie Vilmer durch die Sprechanlage „Hallo?“ fragen. Auf Inas Antwort reagiert er aber nicht. Bevor Ina traurig nach Hause geht, versucht sie, Kieselsteine an Vilmers dunkles Fenster zu werfen, was ihr nicht gelingt.

S. 212–214

Am nächsten Tag wirft Ina einen Brief in Vilmers Briefkasten, in dem sie schreibt, wie leid es ihr tue. Aus ihrem Fenster schauend erblickt sie das erste Mal Vilmer am Fenster. Er reagiert nicht auf ihren Gruß und ihre anschließende Entschuldigungsnachricht per Handy. Schließlich antwortet er Ina doch und fragt, ob die Coolen nicht mehr ihre Freunde seien oder ob sie einen neuen Südenfreund brauche. Ina schreibt, dass ihr die anderen egal seien und nur er ihr wichtig sei. Vilmer verschwindet vom Fenster und das Licht geht aus.

S. 215–217

Zwei Tage bevor die Schule wieder losgeht, wird Ina von ihrer Mutter zum Essen ausgeführt. Ihre Mutter berichtet Ina davon, dass sie nun einen neuen Job in einem Blumenladen habe und ihnen bessere Zeiten bevorstünden. Ina leiht sich von ihrer Mutter etwas Geld, um bei Vilmer „Entschuldigung tun" zu können.

S. 218–219

Am letzten Tag vor Schulbeginn betrachtet sich Ina mit ihrem neuen T-Shirt im Spiegel, das sie extra bedrucken hat lassen. Außerdem hat sie für Vilmer Flips, Pepsi und Pizza gekauft. Als sie zu Bett geht, träumt sie von Vilmer, der ein rotes T-Shirt trägt.

Am nächsten Morgen geht Ina auf direktem Weg ins Klassenzimmer, ohne ihren Klassenkameraden einen Blick zu schenken. Als es zur ersten Stunde klingelt, ist Vilmer noch immer nicht da.

S. 220–226

Vigdis verteilt die Zettel an die Kinder, auf denen sie am letzten Schultag ihre Wünsche aufgeschrieben hatten. Ina hatte niemals gedacht, dass diese Wünsche eintreffen würden: „Urlaub machen. Einen Freund finden. Küssen."

Schließlich betritt auch Vilmer das Klassenzimmer und Inas Herz beginnt heftiger zu schlagen, sie wird nervös. Ina wünscht sich von der Lehrerin, dass jedes Kind von seinem Urlaub erzählen soll. Ein Kind nach dem anderen berichtet über seine Urlaubserlebnisse. Als Ina schließlich an der Reihe ist, erklärt sie, dass sie im Sommer im Süden gewesen sei. Es sei der beste Urlaub ihres Lebens gewesen, den sie zusammen mit dem besten Südenfreund der Welt verbracht habe: Vilmer. Inas Mitschüler werden unruhig und Regine keift, dass Ina endlich die Wahrheit sagen solle. Ina erklärt, dass sie sehr wohl im Süden gewesen sei, denn der Süden sei kein Land, sondern ein Ort, an dem man sich entspannen kann und Spaß hat. Vilmer lächelt und erkennt jetzt den Aufdruck von Inas gelbem T-Shirt: „Willkommen im Süden. Vilmers und Inas Paradies." Sie schließt damit, dass es für sie ein Traumsommer gewesen sei, sich all ihre Wünsche erfüllt hätten und sie einen besten Freund – „oder so was in der Art" – gefunden habe. In der Klasse herrscht Stille.

S. 227–229

Nach der Schule übergeht Ina Vilmers Frage, was sie denn nun machen würden und zeigt ihm zuerst Fotos von Frida auf ihrem Handy. Sie erzählt ihm, dass Frida ihn unbedingt auch kennenlernen möchte. Händchenhaltend machen sich Ina und Vilmer auf den Weg in die alte Hausmeisterwohnung, die Ina für diesen Augenblick vorbereitet hat. Ihre Mitschüler, die sie argwöhnisch beobachten und lachen, ignoriert sie dabei. Vilmers Frage von zuvor beantwortet sie schließlich damit, dass sie nun den Süden genießen werden.

SH 52–63

Aufgabe 1: Inhaltssicherung

Hier gibt es natürlich individuelle Lösungen und eine Vielzahl an Möglichkeiten. Es ist aber durchaus sinnvoll, darauf zu achten, dass die Kinder ein gewisses Maß an Kreativität an den Tag legen und nicht nur einen relativ einfachen, unspektakulären Satz schreiben. Bei Bedarf kann man das Überschrift-Finden auch noch gesondert üben.

Folgende Überschriften wären z.B. möglich:

S. 194–195: Der rettende Hinweis der alten Dame
S. 196–205: Ina erfährt, was sie nun zu tun hat
S. 206–208: Eine neue Liste für „Vilmers und Inas Paradies"
S. 209–211: Ein unerwiderter Kontaktversuch
S. 212–214: Wer nur „Entschuldigung sagt", wird nicht erhört
S. 215–217: Mama und der neue Job
S. 218–219: Ein T-Shirt nur für Vilmer
S. 220–226: Drei Wünsche und der einzige wahre Süden
S. 227–229: Zwei sind zurück im Süden

Aufgabe 2: Zu seiner Meinung stehen

Bei dieser Aufgabe ist es zentral, dass die Schüler darauf aufmerksam werden, dass sie nicht nur auf die Meinung anderer, sondern auch auf das Gefühl in ihrem Inneren hören sollen. Herauszustellen ist dabei natürlich, dass dies keineswegs ein Aufruf zur Unfolgsamkeit gegenüber anderen (wie z. B. den Eltern, Lehrern, Freunden ...) sein soll, sondern dass jeder Mensch in jeder Situation einfach ein gewisses Gespür und Gefühl dafür hat, was für ihn richtig ist, und dass man dieses nicht ignorieren sollte. Die Schüler sollen ermutigt werden, darauf zu hören und sich weniger von außen beeinflussen lassen (v. a. von der Peergroup oder „der Gesellschaft").

Aufgabe 3: Das Gewitter

Bevor das Gewitter aufzieht, hat Ina Frida Fuglesang ihr Herz ausgeschüttet (S. 204) und die traurige Geschichte von Vilmer und dem Süden erzählt. Das, was im Inneren von Ina in diesem Moment vorgeht, spiegelt sich im Außen wider – in diesem Fall in einem Gewitter, das sich auf dem Heimweg über Ina entlädt. Auch in ihrem Herzen sind aufgrund ihres Kummers zu diesem Zeitpunkt sinnbildlich dunkle Wolken.
In der Literatur arbeiten Autoren oft mit solchen Zusammenhängen, um das, was in den Figuren vorgeht, noch einmal zu betonen oder zu verstärken.

Aufgabe 4: Stimmungskurve von Inas Mama

a) und b) Mögliche Lösung:

Seiten im Buch:	Stimmung von Inas Mama auf einer Skala von 1 bis 10
S. 48–50	2
S. 64–66	3–4
S. 90 unten bis S. 92	6
S. 137 Mitte bis S. 139	8
S. 187 Mitte bis 188	8
S. 215 bis 216	9

c)

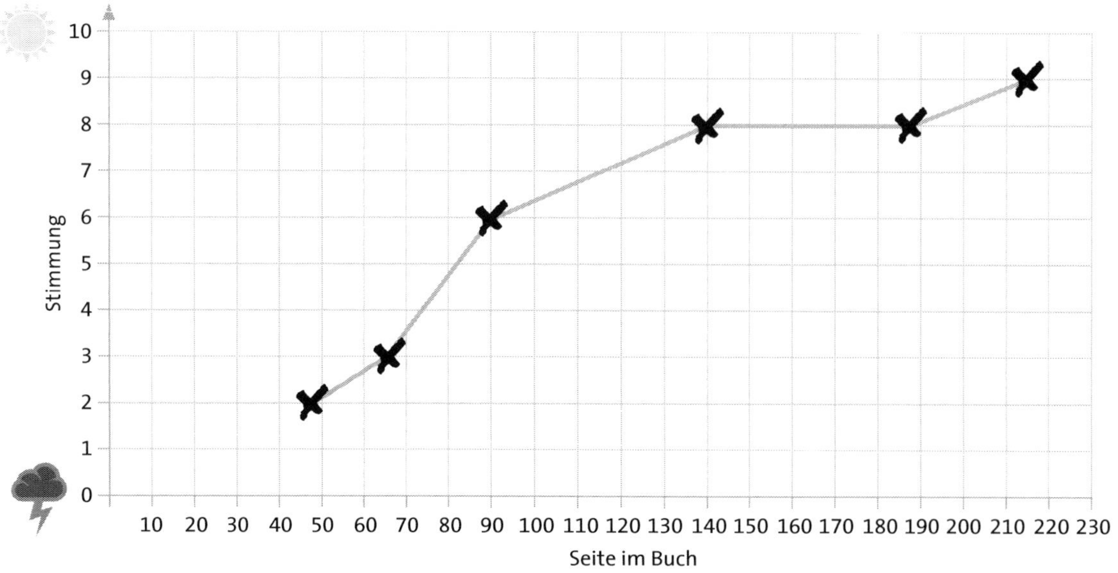

d) Individuelle Lösungen

e) Inas Mutter ist nach einer langen Zeit der Niedergeschlagenheit, nicht zuletzt dank des Kurses und aufgrund der neuen Freundschaft oder Beziehung (bleibt offen), offensichtlich auf einem sehr guten Weg zurück in ein stabiles und glückliches Leben. Es bleibt zu hoffen, dass diese positive Entwicklung anhält und Inas Mama keinen Rückfall erleidet.

➲ Aufgabe 5: Einen Lexikonartikel schreiben

a) Individuelle Lösung

b) Während man beim „Entschuldigung sagen" nur mit Worten um Verzeihung bittet, lässt man beim „Entschuldigung tun" Taten sprechen, die auch ohne Worte eine entsprechende Botschaft vermitteln. Man kann sich relativ leicht mit Worten entschuldigen, wobei es oft vorkommt, dass der Entschuldigende nicht voll hinter seinen Worten steht. Das „Entschuldigung tun" hingegen ist eine sehr ernstgemeinte Form der Entschuldigung, die – wie im konkreten Fall – bewusst auch andere mitbekommen, wodurch der Entschuldigung zusätzliches Gewicht gegeben wird.

c) Individuelle Lösung

➲ Aufgabe 6: Alternative Wege, um Entschuldigung zu tun

Individuelle Lösung

➲ Aufgabe 7: Den Roman weitererzählen

Individuelle Lösung

Übergreifender Teil

➲ Aufgabe 1: Eine Szene musikalisch untermalen

Die auf den ersten Blick vermeintlich simpel anmutende Aufgabe bietet den Schülern nicht nur eine willkommene Abwechslung zu den herkömmlichen Aufgaben, sondern fordert vor allem eine tiefere Auseinandersetzung mit der Lektüre und der „Stimmung“ der Szene. Mit großer Freude setzen sich die Schüler hier mit der Wirkung von Filmmusik auseinander und stellen fest, wie unterschiedlich die damit transportierte Stimmung sein kann. Fast nebenbei leistet man hier außerdem einen Beitrag zur Medienbildung.

An dieser Stelle kann außerdem hervorragend thematisiert werden, auf welch unterschiedliche Art und Weise man die Inszenierung einer verfilmten Szene aus dem Buch angehen kann. Ob der Grundton eher ernst ist, ob man leicht überzeichnet oder sogar ins Komikhafte geht – die entsprechende Musik trägt einen großen Teil zur gelungenen und stimmigen Inszenierung bei.

Denkbar ist bei dieser Aufgabe auch eine fächerübergreifende Behandlung mit dem Fach Musik.

➲ Aufgabe 2: Ein Erklärvideo erstellen

Das Thema Gruppendruck/Gruppenzwang bietet sich wunderbar an, um ein kurzes Erklärvideo (auch Explainity-Video genannt) zu erstellen. Die Aufgabe der Schüler ist es, in einem kurzen Video zu erklären, was Gruppenzwang/Gruppendruck ist und vielleicht sogar kurz eines von vielen psychologischen Experimenten dazu anzuführen (v. a. in höheren Klassen).

Um den Bezug zum Buch herzustellen, soll Gruppenzwang ganz konkret am Beispiel von Ina und ihrer Klasse erklärt werden. Wie in anderen Erklärvideos üblich, kann Ina zum Beispiel als Aufhänger des ganzen Videos dienen:

> *„Das ist Ina. Ina geht in die sechste Klasse. Bei einer Fragerunde in der Klasse war Ina dem Gruppenzwang so stark ausgesetzt, dass sie deswegen sogar gelogen hat. Doch was ist Gruppenzwang eigentlich?“ ...*

Natürlich kann der Aufbau des Videos auch ganz anders sein. Der Kreativität der Schüler sind hier keine Grenzen gesetzt, solange das Thema gut erklärt wird und der Bezug zum Roman vorhanden ist. Eine detaillierte Vorgehensweise zum Anfertigen eines Erklärvideos findet sich im Schülerarbeitsheft. Besonders wichtig ist die Feedback-Runde nach dem Vorführen des fertigen Films. Um dieses Feedback möglichst produktiv ausfallen zu lassen, kann man mit den Schülern vorab über wichtige Kriterien sprechen, die ein gutes Erklärvideo ausmachen:

- **Inhalt:** Wird das Thema gut erklärt?
- **Ablauf:** Funktioniert das Hineinschieben der Bilder reibungslos und schnell?
- **Ton:** Wird laut, deutlich und angemessen betont gesprochen? Stimmen das gezeigte Bild und der Text überein?
- **Drehbuch/Dramaturgie:** Kann der Film überzeugen, ohne zu langweilen?
- **Gestaltung:** Sind die Personen, Gegenstände und Hintergründe gelungen gezeichnet?

Aufgabe 3: Beziehungskurve von Ina und Vilmer

a) und b) Mögliche Lösung:

Seiten im Buch:	Beziehung zwischen Ina und Vilmer
S. 7 (ganz unten) bis 9	1
S. 26/32	1
S. 66–67	1
S. 72–73	3
S. 79–81	4
S. 88–89	6
S. 107	7
S. 123/125	8/9
S. 136	9
S. 149–151	10
S. 168	1
S. 181	1
S. 210	2
S. 228–229	9

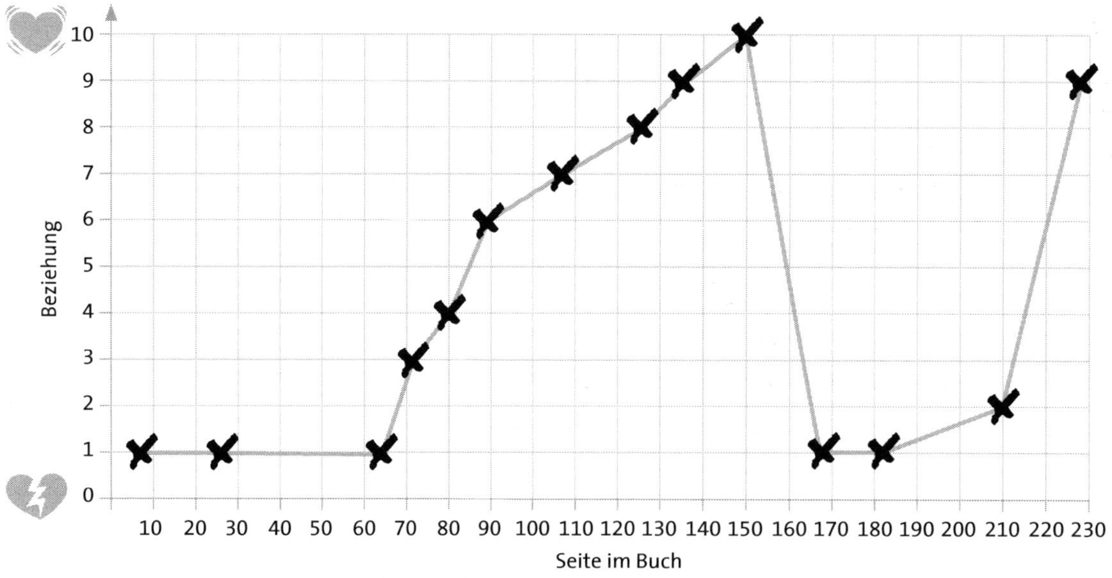

Aufgabe 4: Farbsymbolik

a) rot

b) Beispiele:

- Markus' <u>rotes T-Shirt</u>, S. 6, S. 29, S. 30, S. 36
- rotes Sofa, S. 82, S. 94, S. 111, S. 125, S. 126, …
- Traum von Markus/Vilmer: <u>rotes T-Shirt</u>, S. 90
- Schild *Willkommen im Süden*, S. 103
- roter Sonnenschirm, S. 120, S. 122
- Traum: Vilmer im <u>roten T-Shirt</u>: S. 128, S. 219

- rotes Buch, S. 131
- Realität: Vilmer im roten T-Shirt: S. 141
- Tapete mit Sonnenuntergang: S. 147
- rotes Sommerkleid von Inas Mutter: S. 188

c) Aggression, Blut, Feuer, Gefahr, **Leidenschaft**, **Liebe**, Wut...

d) Als Markus das erste Mal im Roman auftritt, trägt er ein rotes T-Shirt. In Inas Gedanken und in ihrer Schwärmerei ist das T-Shirt ganz eng an diese Person gekoppelt. In seiner einfachsten Lesart steht die Farbe Rot hier klassisch für die „Liebe" und „Leidenschaft", die Ina Markus entgegenbringt. Wann immer sie an Markus denkt (S. 36), trägt er das rote T-Shirt. Als Ina schon einige Tage mit Vilmer in der Hausmeisterwohnung verbracht hat, wird das erste Mal deutlich, dass die Kopplung des roten-Shirts an die Person Markus bröckelt: Markus im roten T-Shirt „verwandelt" sich im Traum in Vilmer, der dasselbe schwarze T-Shirt trägt, in dem Ina ihn den ganzen Tag erlebt hat (S. 90). Zusätzlich zur Farbsymbolik zeigt auch der Verlobungsring unmissverständlich auf, wie sich Inas Gefühle für Vilmer entwickeln. Fortan träumt Ina nicht mehr von Markus im roten T-Shirt, sondern von Vilmer (S. 128). Die „Metamorphose" ist schließlich abgeschlossen, als Vilmer Ina leibhaftig im roten T-Shirt gegenübersitzt (S. 141). Vilmer, das Objekt der Begierde, „verschmilzt" in der Realität mit dem von Ina gewählten Symbol dafür.

e) Dass Ina fortan nichts mehr für Markus empfindet, zeigt sich konsequenterweise auch daran, dass dieser beim Treffen am See kein rotes T-Shirt mehr trägt, sondern ein dunkelblaues (S. 190). So wie die Farbe Blau oft als kalt wahrgenommen wird, ist auch Inas neue Empfindung ihm gegenüber.

➲ Aufgabe 5: Argumentation: Lügen oder nicht lügen?

a) Es ist oft nicht ganz leicht herauszufinden, welche Art der Lüge denn letztendlich vorliegt. Wenn man jedoch, wie im Infokasten beschrieben, als wichtigstes Unterscheidungskriterium anlegt, **ob dem anderen dadurch Schaden zugefügt wird oder nicht**, kommt man in den meisten Fällen zu einer entsprechenden Lösung. Legt man eine überzeugende Erklärung zugrunde, sind manchmal aber vielleicht auch beide Formen der Lüge zutreffend. Die Grenzen können fließend sein. Der Lernzuwachs bei den Kindern kann auch darin bestehen, den schmalen Grat zwischen diesen Formen der Lüge zu erkennen und die damit verbundenen Schwierigkeiten zu reflektieren.

In erster Linie geht es bei dieser Aufgabe aber um den Dialog mit den Schülern, wobei herausgestellt bzw. herausgearbeitet werden sollte, dass die vorsätzliche Lüge immer schlimmer ist als die soziale Lüge, da sie anderen bewusst Schaden zufügen kann. Darauf aufbauend sollte auch Aufgabe b) gelöst werden.

Lüge im Roman	Art der Lüge
die große „Urlaubslüge" von Ina in der Klasse	Notlüge
Ina vergisst das Geburtstagsgeschenk von Mathilde.	vorsätzliche Lüge
Ina erzählt ihrer Mutter, dass die Geburtstagsfeier schön gewesen sei (S. 48).	soziale Lüge
Ina erfindet ihre beste Freundin Maria (S. 64).	soziale Lüge
Ina lügt ihre Oma an, dass sie keine Zeit habe, sie zu besuchen, weil sie immer baden sei (S. 64).	Notlüge

Ina versendet „unechte" Fotos und gibt diese als ihren Urlaubsort aus. (S. 72)	soziale Lüge
Ina erklärt Vilmer, dass sie keine Angst vor Gewittern habe (S. 123).	soziale Lüge
Ina lügt ihre Mutter an, was das Übernachten angeht.	vorsätzliche Lüge in Folge der sozialen Lüge zuvor
Vilmer lügt auf die Frage von Grete, ob er verliebt sei.	soziale Lüge
Ina lügt Mathilde und Regine in Bezug auf den Süden an und schiebt alles auf Vilmer (ab S. 165).	vorsätzliche Lüge

b) Grundsätzliche Pro- und Kontra-Argumente zur Lüge

pro Lügen:	**kontra Lügen:**
• man möchte niemanden mit seinen (ehrlichen) Worten verletzen • man kann sich damit Vorteile verschaffen • man kann sich selbst oder andere (Mitleid, Fürsorge) damit schützen • Vermeidung von negativen Gefühlen (Schmerz, Stress, Angst, usw.) → Selbstschutz • Vermeidung von negativen Konsequenzen (um Konflikte zu vermeiden/einer Strafe zu entgehen) • aus gerechtfertigter Notwehr (z. B. Feinden gegenüber) • aus Höflichkeit • (Not-)Lügen machen das Zusammenleben erträglicher	• man verstrickt sich immer mehr in seinen Lügen und kommt aus dem „Lügenkreislauf" nicht mehr raus • Schuldgefühle entstehen • Lügen kommen meist irgendwann ans Tageslicht • Lügen zerstören Vertrauen (und die eigene Glaubwürdigkeit) • die negativen Folgen einer aufgedeckten Lüge • man kann jemanden damit (massiv) schaden

➲ Aufgabe 6: Ein Blick in die Zukunft von Ina und Vilmer

Vorbemerkung: Diese Aufgabe, die stark gesellschaftswissenschaftlich ausgerichtet ist, versteht sich als fakultativ und beleuchtet die enge Verknüpfung von sozialem Status und späterem Bildungserfolg. Sie ist anspruchsvoll und sollte nur mit „starken Klassen" gemacht werden.

Das Bearbeiten der Aufgabe erfordert eine relativ starke Begleitung durch die Lehrkraft und sollte nicht durch die Schüler alleine erfolgen. Die Lehrkraft muss an dieses Thema mit einer großen Sensibilität herangehen und mögliche Fragen mit den Schülern klären. Obgleich der negative Zusammenhang zwischen dem sozialen Status und dem späteren Bildungserfolg wissenschaftlich gut belegt ist, sollen die Kindern dies keinesfalls zu sehr auf sich beziehen oder gar in der Hinsicht desillusioniert werden, dass sie aufgrund ihres Elternhauses schlechte Chancen für sich im Bereich Bildung und Beruf sehen. Hier muss die Lehrkraft unbedingt eine nachträgliche Entlastung des behandelten Stoffes einplanen. Die Kinder sollten an dieser Stelle positiv ermutigt werden, ihr Leben in die Hand zu nehmen, selbst wenn sie aus Elternhäusern stammen, auf die die genannten Kriterien zutreffen. Am Ende sollte die Erkenntnis stehen, dass einem im Leben alle Türen offenstehen, wenn man seine Talente und Begabungen nur richtig einsetzt (z. B. Kreativität).

a) Individuelle Lösung

b) **INAS MAMA**

Bildung: nicht zweifelsfrei ermittelbar

Beruf: Umschulung zur Floristin

Einkommen/finanzielle Situation: eher gering (lt. Einkommenstabelle verdient man als Floristin direkt nach der Ausbildung monatlich durchschnittlich ca. 1.800 EUR brutto), alleinerziehend

Selbsteinschätzung: vermutlich eher pessimistisch, da keine optimalen Lebensbedingungen

→ **sozialer Status:** gering

VILMERS PAPA

Bildung: nicht zweifelsfrei ermittelbar

Beruf: vermutlich arbeitslos

Einkommen/finanzielle Situation: vermutlich staatliche Unterstützung, alleinerziehend

Selbsteinschätzung: vermutlich eher pessimistisch, starker Alkoholkonsum (S. 127, S. 129) deutet auf Unzufriedenheit mit dem eigenen Leben hin

→ **sozialer Status:** sehr gering

c) **INA**

Unterstützung der Eltern: gering (aufgrund der Krankheit der Mutter)

Erfolgserwartungen: gering

höhere Bildung als erstrebenswertes Ziel: vermutlich wenig ausgeprägt

→ **Chancen auf Bildungserfolg:** gering oder sehr gering

VILMER

Unterstützung der Eltern: gering (aufgrund des Alkoholproblems des Vaters)

Erfolgserwartungen: gering

höhere Bildung als erstrebenswertes Ziel: vermutlich wenig Unterstützung in dieser Hinsicht

→ **Chancen auf Bildungserfolg:** gering oder sehr gering

Anmerkung: An dieser Stelle sollte die Lehrkraft mit den Schülerinnen und Schülern in einen Dialog treten und die zuvor erarbeiteten Erkenntnisse umfassend thematisieren. Die Schülerinnen und Schüler reflektieren an dieser Stelle natürlich automatisch auch ihre eigene Rolle bzw. die ihrer Eltern, was den sozialen Status und die Chancen auf Bildungserfolg angeht. Bestimmt treten Fragen oder Unsicherheiten dazu auf, die von der Lehrkraft sehr sensibel behandelt werden sollten.

Aus diesem Grund soll die danach folgende Aufgabe auch Kindern, die vielleicht in einer ähnlichen Situation sind wie Ina und Vilmer oder einen ähnlichen sozialen Hintergrund haben, Mut machen. Die Rolle der Kreativität darf an dieser Stelle deutlich herausgestellt und mit den Kindern ausführlich besprochen werden (siehe nächste Anmerkung). Es sollte klar werden, dass Kreativität der Schlüssel zu vielen Berufen ist und somit auch schwächeren Schülerinnen und Schülern als Motivation dienen, sich kreativ zu betätigen oder ihre Kreativität zu steigern, selbst wenn sie vielleicht in der Schule nicht zu den „guten" Schülern im klassischen Sinne gehören. Dass für viele Berufe allerdings auch ein entsprechender Schulabschluss nötig ist, sollte in der Diskussion aber nicht außen vor bleiben.

d) **Anmerkung:** Der Begriff „Kreativität“ ist an dieser Stelle natürlich heruntergebrochen und an das Niveau der Schüler dieser Altersstufe angepasst. „Kreativität“ schließt hier einfach auch einen gewissen Ideenreichtum mit ein. Einer streng wissenschaftlichen Definition hält diese Vereinfachung selbstverständlich nicht stand.
Mögliche Beispiele für Kreativität:

Vilmer:
- verändert den Blickwinkel, aus dem sie den „Süden“ betrachten (S. 94–96)
- stellt Nachforschungen zum Hausmeister an (ab S. 84)
- hat laut eigener Aussage große „Neugier“ (S. 87)
- hat die Idee mit der Süden-Liste (S. 97–99)
- platziert Kerze mit Kerzenständer auf dem Tisch mit dem Tischtuch (Schaffen einer Restaurant-Atmosphäre) (S. 105)
- bringt verschiedene Gegenstände mit (gelbe Strandmatte, Adventskerzen, kleiner Lautsprecher, Lichterkette) (S. 112)
- erstellt Playlist mit Südenmusik (S. 112)
- hat die Idee mit dem Foto vor der Tapete für die Klassengruppe (S. 144/145)

Ina:
- erfindet den Namen *Paradise Spa.*
- besorgt verschiedene Gegenstände (Tapete, Planschbecken, Sonnenschirm)
- tut Entschuldigung auf besonders originelle Art und Weise

beide:
- aus einfachem Brot wird ein *Club Sandwich* (S. 126)

→ Vilmer ist sehr kreativ.
→ Ina ist einigermaßen kreativ.

e) Individuelle Lösungen

f) **Möglicher Satz für das Resümee:**
Obwohl die Voraussetzungen aus den beiden Elternhäusern denkbar schlecht sind, haben Ina und Vilmer aufgrund ihrer Kreativität gute Chancen, später einmal einen „guten“ Beruf auszuüben, der viel Kreativität erfordert (z. B. in einer Werbeagentur).
Dazu brauchen sie allerdings in den meisten Fällen einen entsprechenden Schulabschluss.

➲ Aufgabe 7: Ganz zum Schluss: Eine Rezension schreiben

Individuelle Lösung